# O Peixinho Azul
*e outras histórias*

Roque Jacintho

# O Peixinho Azul
### e outras histórias

FEB

*Copyright* © 1972 *by*
FEDERAÇÃO ESPÍRITA BRASILEIRA – FEB

1ª edição – Impressão pequenas tiragens – 7/2024

ISBN 978-85-7328-533-8

Todos os direitos reservados. Nenhuma parte desta publicação pode ser reproduzida, armazenada ou transmitida, total ou parcialmente, por quaisquer métodos ou processos, sem autorização do detentor do *copyright*.

FEDERAÇÃO ESPÍRITA BRASILEIRA – FEB
SGAN 603 – Conjunto F – Avenida L2 Norte
70830-106 – Brasília (DF) – Brasil
www.febeditora.com.br
editorial@febnet.org.br
+55 61 2101 6161

Pedidos de livros à FEB
Comercial
Tel.: (61) 2101 6161 – comercial@febnet.org.br

Adquirindo esta obra, você está colaborando com as ações de assistência e promoção social da FEB e com o Movimento Espírita na divulgação do Evangelho de Jesus à luz do Espiritismo.

Dados Internacionais de Catalogação na Publicação (CIP)
(Federação Espírita Brasileira – Biblioteca de Obras Raras)

---

J12p     Jacintho, Roque, 1928–2004

           O peixinho azul e outras histórias / Roque Jacintho; [Ilustrações: Lourival Bandeira de Melo Neto]. 1. ed. – Impressão pequenas tiragens – Brasília: FEB, 2024.

           78 p.; il. color.; 23 cm

           Trovas de diversos Espíritos, psicografadas e selecionadas por Francisco Cândido Xavier.

           ISBN 978-85-7328-533-8

           1. Literatura infantojuvenil brasileira. I. Melo Neto, Lourival Bandeira de, 1959–. II. Xavier, Francisco Cândido, 1910–2002. III. Federação Espírita Brasileira. IV. Título.

                                                          CDD 028.5
                                                          CDU 087.5
                                                          CDE 81.00.00

# Sumário

| | |
|---|---|
| A Vaidade | 7 |
| A Herança | 11 |
| O Perdulário | 15 |
| A Inveja | 23 |
| O Arteiro | 27 |
| A Avareza | 37 |
| A Formiga Alada | 45 |
| A Semente | 49 |
| O Peixinho Azul | 55 |
| O Sapinho Quá-Quá | 59 |
| A Manjedoura | 67 |

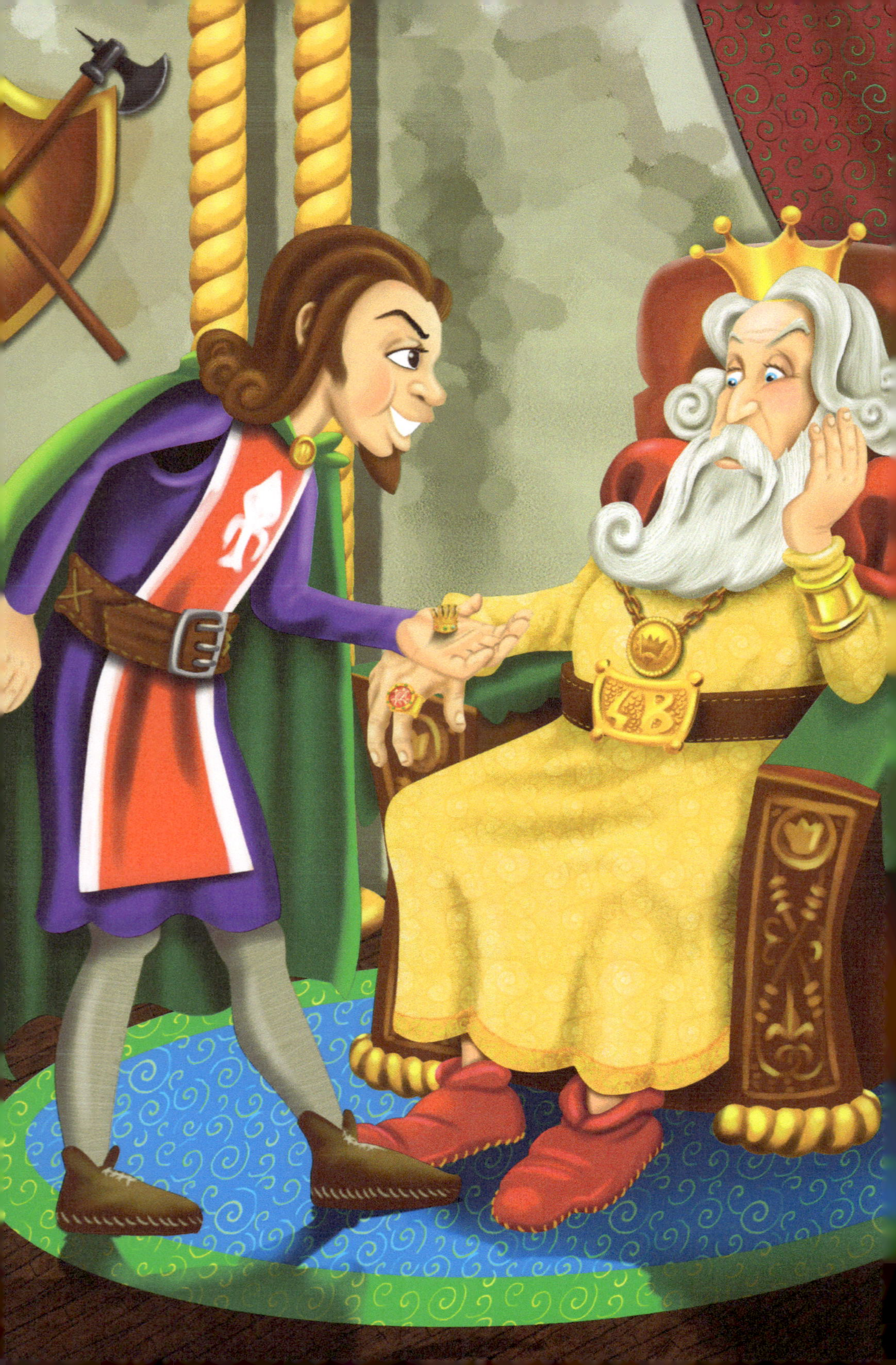

# A Vaidade

Era uma vez um Rei muito vaidoso. Esquecia seus súditos, gastando fortunas para satisfazer caprichos pessoais. Um dia anunciou que doaria generoso prêmio a quem trouxesse, na palma da mão, alguma coisa que representasse o seu poder.

No tempo marcado, apareceram os candidatos.

O primeiro, colocando-se diante do Rei, abriu a mão e – oh! – nela estava bela miniatura de uma coroa de ouro, toda cravejada de pedras preciosas.

O Rei fez um muxoxo.

Outro, tomando-lhe a vez, espalmou na destra um trono, esculpido em delicado marfim e terminado em artísticos entalhes.

O Rei sorriu lisonjeado.

Seguiram-se outros candidatos que traziam imponentes corcéis; arcas de tesouro com joias miniaturizadas; mantos esplendorosos. A todos o Rei, após arregalar os olhos, determinava que passassem para o lado.

O último era um jovem.

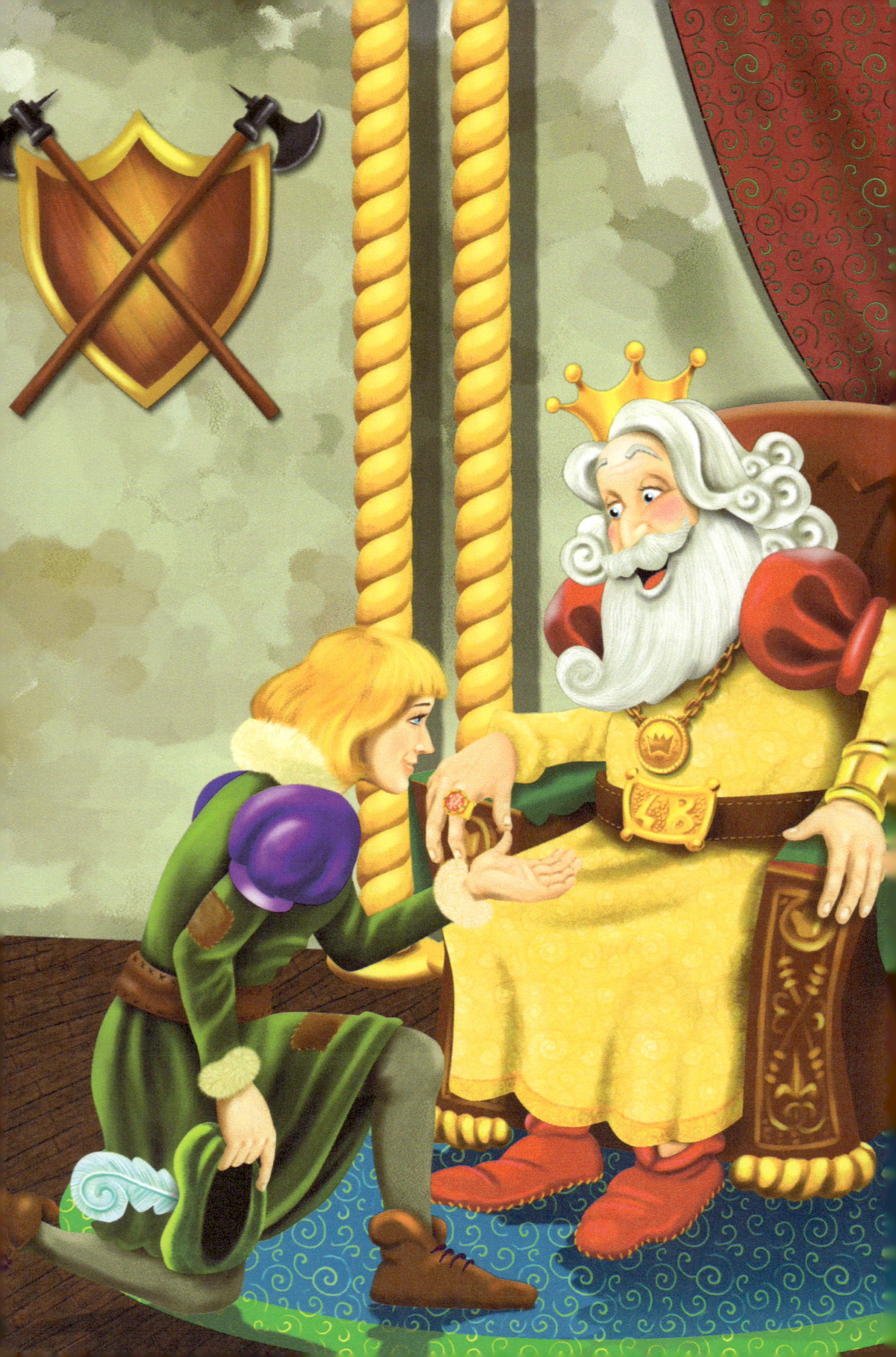

Modestas roupas não escondiam o seu belo porte. Adiantou-se calmamente e abriu diante do Rei a sua palma.

Estava limpa e... vazia!

– Como?! – indignou-se o Rei, ao ver que nada havia na mão do jovem. – Que significa isto, afinal?!

O jovem sorriu.

– Majestade – disse, fazendo ligeira reverência e continuando a mostrar a mão vazia –, toda a autoridade na Terra é uma delegação do Pai celestial e todo o poder será sempre retomado um dia. Que poderia melhor representá-lo, perante Deus que é o seu doador? Nada melhor do que a palma da mão imaculada como o era no dia do seu nascimento.

O Rei ruborizou-se e baixou a cabeça.

Conta-se que, a partir daquela data, o Rei entrou em meditação e passou a ser menos generoso consigo próprio e mais devotado ao povo que lhe fora confiado no Reino.

*A vida se classifica*
*Por esta base singela:*
*Quanto mais útil, mais rica,*
*Quanto mais simples, mais bela.*

Marcelo Gama

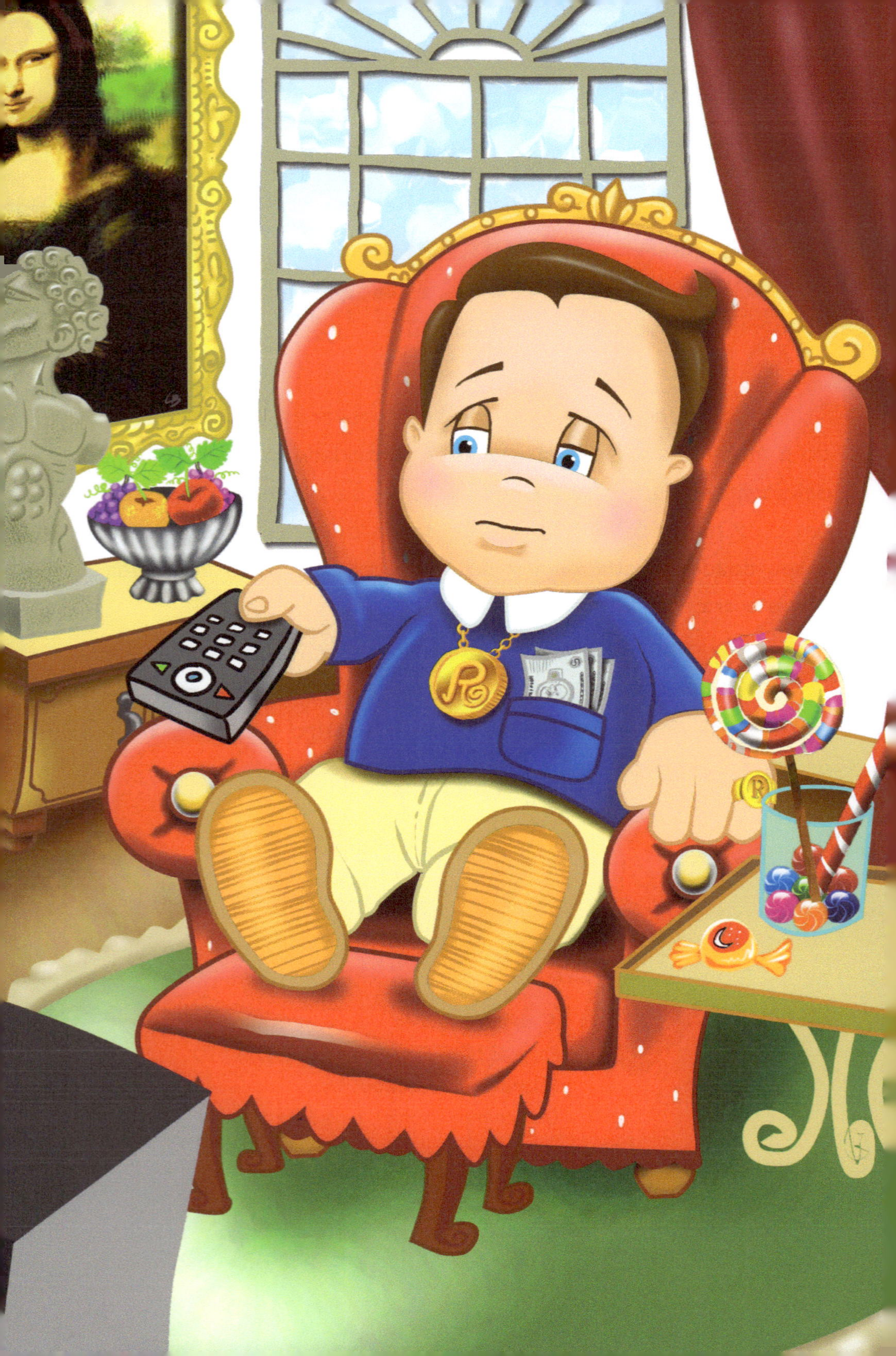

# A Herança

Ricardinho herdara grande fortuna.

Tão logo se viu só, rodeado de conforto e com os muitos recursos que os pais lhe haviam deixado, entregou-se à inteira despreocupação.

Nada fazia, além de multiplicar facilidades.

Vivia assim desocupado, quando a desencarnação decorrente de gripe malcuidada ocorreu de súbito.

E de súbito ele se viu na Espiritualidade.

Aturdido, temeroso do mundo em que se encontrava e sem nada conhecer daqueles recantos, clamou tanto pelos pais que os Mentores Espirituais, a fim de ajustá-lo, promoveram o pedido reencontro.

– Você os verá – informaram – por duas horas.

Ricardinho, porém, ainda acostumado às vontades sempre satisfeitas, nem sequer lhes deu muita atenção.

Quando reviu a mãe, lançou-se a seus braços.

– Ah! Mamãe... não me abandone!

A mãe, contudo, muito ponderada e mais sábia, consolava o filho, sem oferecer-lhe falsas esperanças.

– A senhora e papai vivem felizes?

Ela disse que sim, e esclareceu que poderiam ser até mais felizes, nos Planos ditosos em que se encontravam, se as ações desajustadas de Ricardinho não destilassem em seu coração muito cuidado.

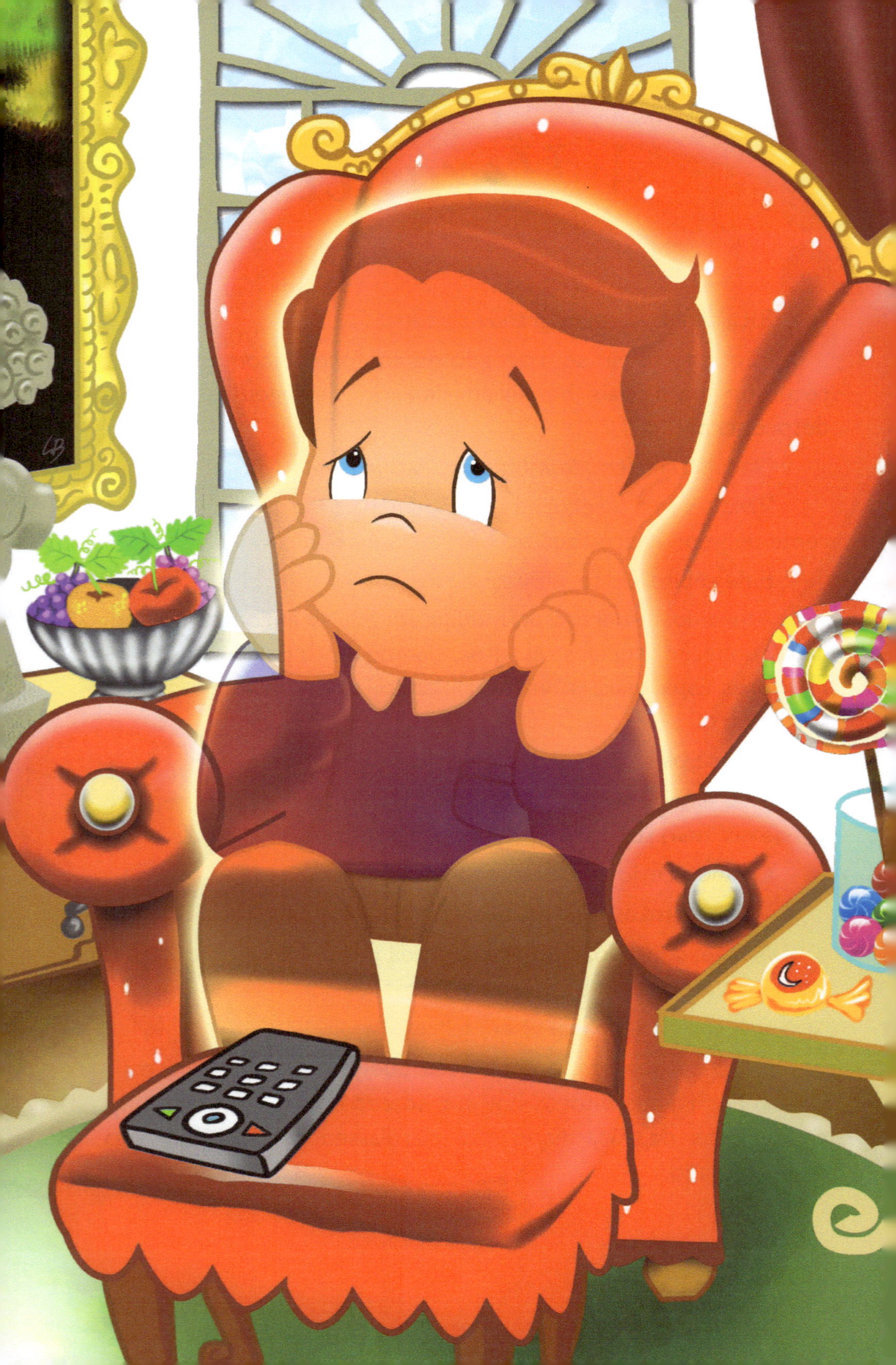

Vencido o prazo estabelecido, sem que Ricardinho fizesse outra coisa senão reclamar o direito de ser amparado pelos pais, os Espíritos informaram que era a hora da separação.

– Seus pais têm tarefas inadiáveis.

– Eu irei com eles! – rebelou-se Ricardinho.

– No momento é impraticável, meu jovem.

O garoto bateu os pés.

– Tudo o que é deles a mim também pertence.

Diante dessa afirmativa, o Espírito orientador adiantou-se, dizendo com brandura:

– Você ainda deverá ser hospitalizado, Ricardinho. Pela vida sem atividades que levou na Terra, você não conquistou o direito de conviver com seus pais aqui na Espiritualidade.

– Eu sou herdeiro deles!

O Espírito sorriu amigavelmente.

– Era herdeiro deles, Ricardinho. E todo o dinheiro, todas as propriedades, todos os automóveis, toda a conta bancária, tudo que era deles, na Terra, foi deixado em suas mãos.

Ricardinho ouvia atento.

– Acontece – prosseguiu o Espírito amigo – que os bens da vida espiritual são conquistas de cada um. Por muito queridas sejam as criaturas ao nosso coração, não poderemos fazê-las herdar: a vontade de trabalhar, os dons do amor ao próximo, as virtudes da caridade.

Desconcertado, o jovem ficou a pensar no seu tempo perdido.

*Procura o bem, faze o bem,*
*Não percas tempo, nem vez*
*Que a gente leva da vida*
*Somente a vida que fez.*

Roberto Correia

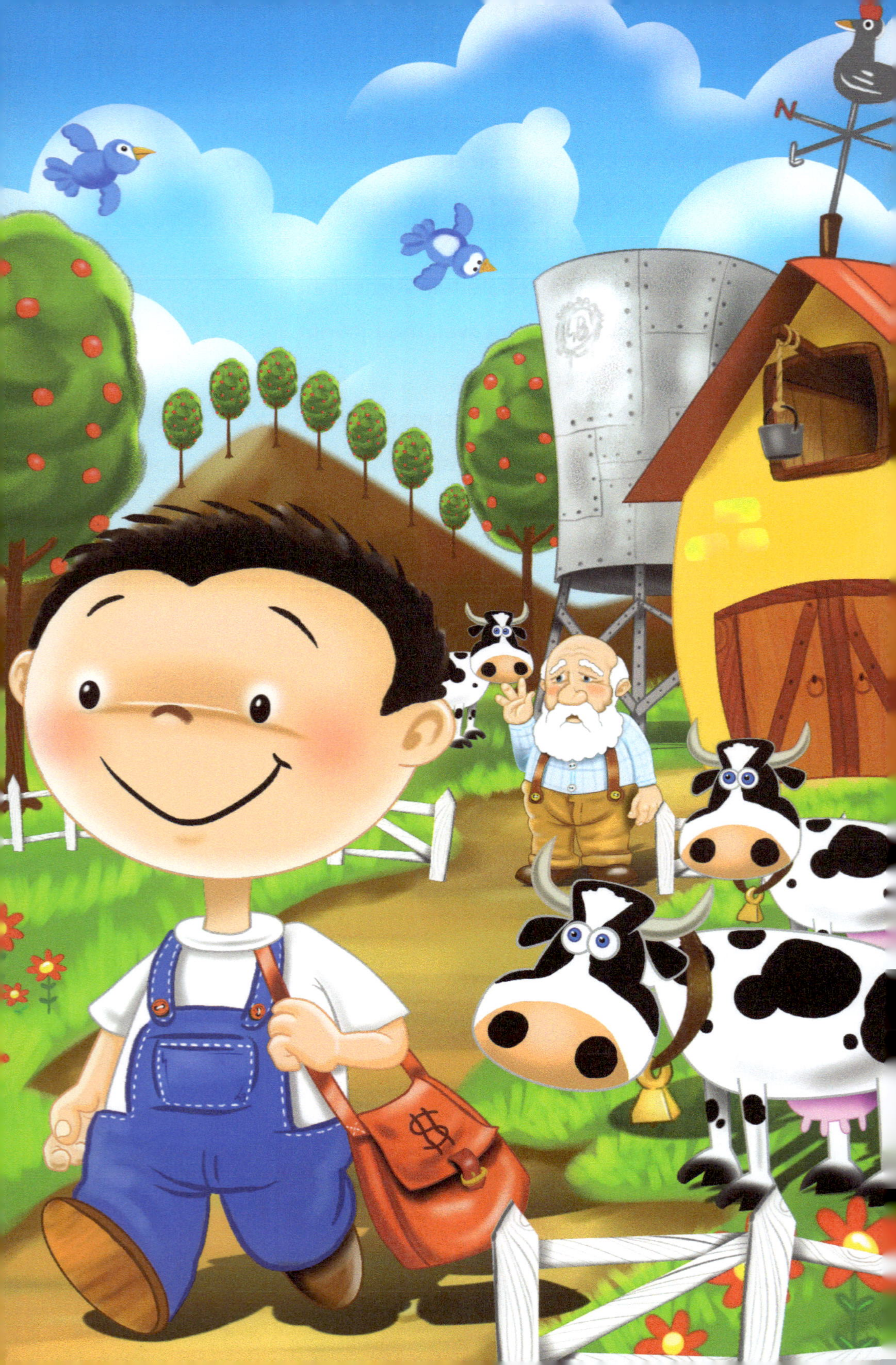

# O Perdulário *

Num lugar muito distante, em bela fazenda, viviam juntos o pai e dois filhos.

O mais moço, um dia, falou:

– Pai, quero a parte da herança que me toca.

– Por quê, meu filho?

– Sou jovem... Quero gozar a vida!

O pai, se bem que contristado, chamou o filho mais velho e, os três reunidos, satisfez a vontade do jovem.

Com o que era seu, ele partiu.

Foi morar num país distante.

A sua bolsa repleta de ouro atraiu muitos desocupados da localidade que, logo mais, se anunciavam como grandes amigos do inexperiente moço.

Faziam grandes banquetes e festas.

E, assim, uma a uma se consumiam as moedas que trouxera da casa paterna.

Um dia, ele se viu sozinho.

Sua bolsa estava vazia.

Só então notou, para seu espanto, que já não estava rodeado de companheiros. Para seu maior espanto ainda, notou também que todo o país atravessava uma situação de fome.

* Esbanjador, gastador.

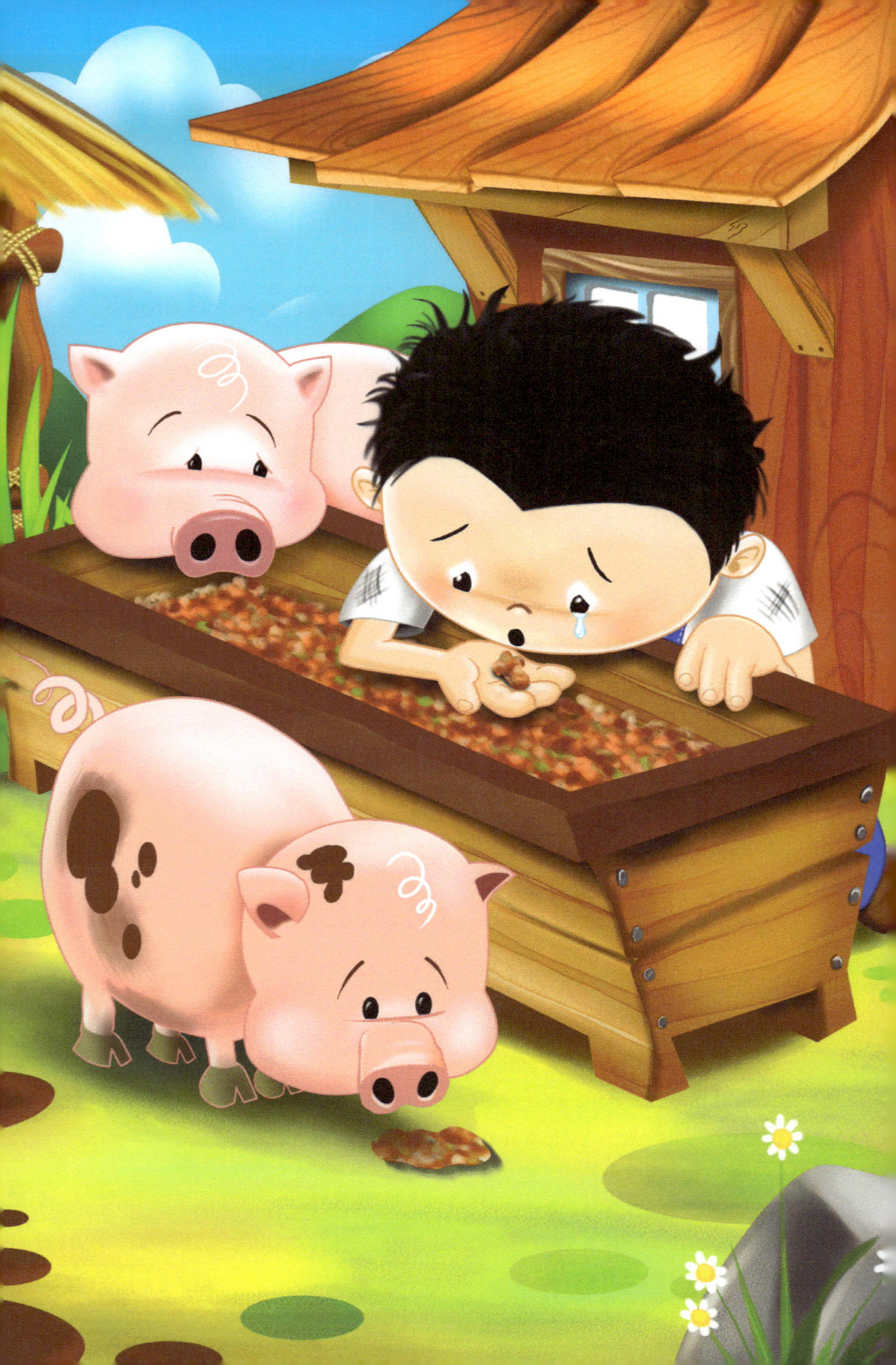

Começou a passar necessidades.

Disposto, pôs-se a procurar emprego.

Bateu numa porta e... nada!

Bateu noutras e noutras, sem conseguir uma ocupação que lhe garantisse o pão de cada dia.

Estava já magrinho, magrinho.

Finalmente, quando estava quase desesperado, conseguiu empregar-se como guardador de porcos. Tamanha era a sua fome que, ao ver a lavagem que era dada de alimento aos suínos, atirou-se ao cocho para comer.

Comeu e se fartou.

À noite, muito triste, começou a pensar na casa de seu pai.

– Lá ninguém passa a fome que sinto aqui. O mais novo dos empregados recebe e vive melhor do que eu!

E um pensamento atravessou-lhe a mente:

– Voltarei para lá.

No dia seguinte, já no caminho de retorno à casa paterna, pensava com os seus botões:

– Chegando à casa de meu pai, eu me atirarei a seus pés e lhe direi: "Meu pai, reconheço que errei muito. Já não sou digno de ser chamado de *filho*. Trate-me, pois, como o último de seus empregados, mas me aceite na sua fazenda!"

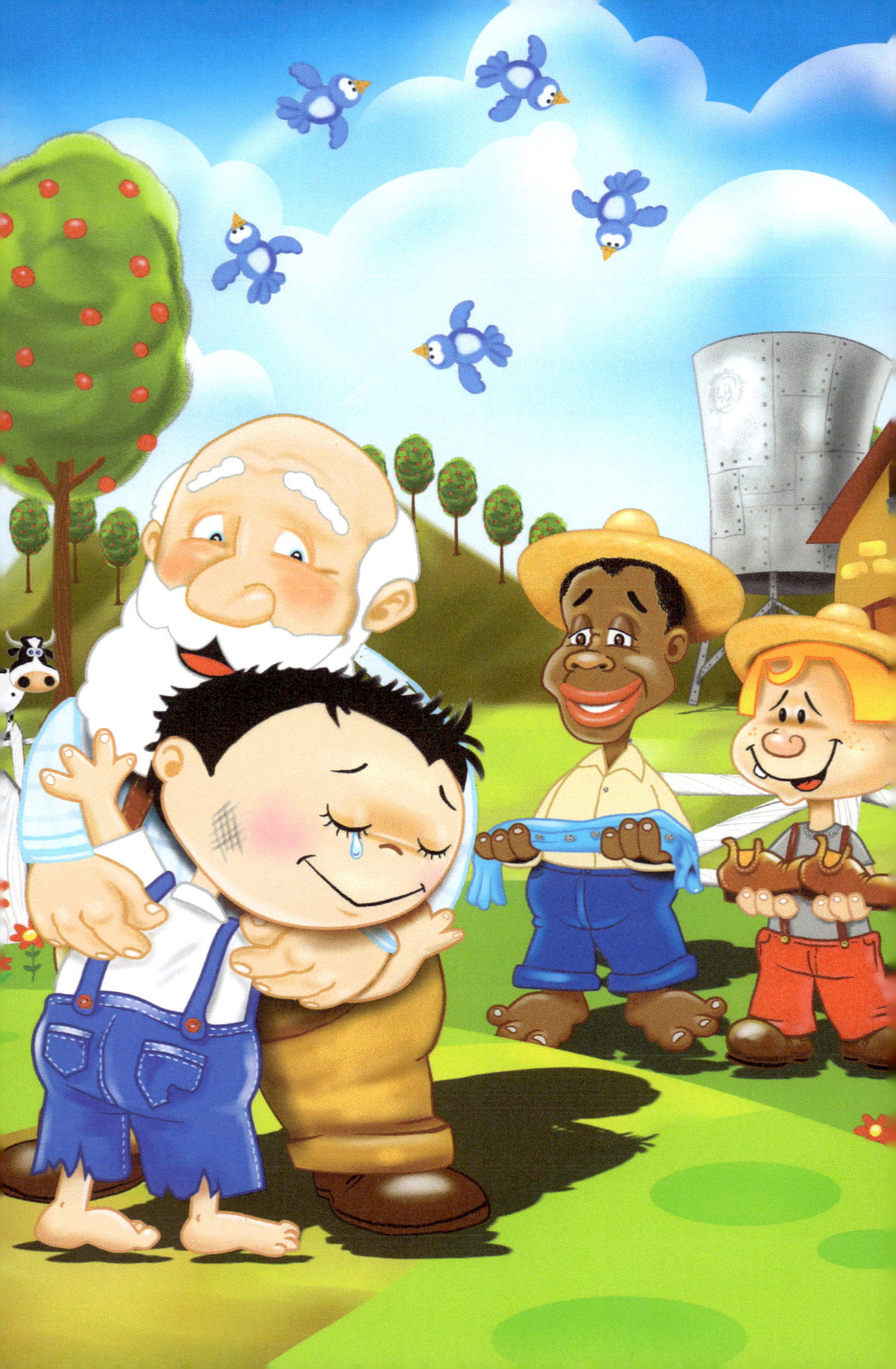

Com essa disposição, ele caminhava.

Na fazenda, porém, o pai o viu de longe e não esperou que ele ali chegasse. Correu a seu encontro e, abraçando-o, ordenou a seus criados:

– Tragam roupas para meu filho e preparem uma grande festa.

Assim foi feito.

O filho mais velho, que estava no campo trabalhando, quando se aproximou da casa, ouviu música e o rumor de dança.

– Que se passa? – perguntou.

– Seu irmão voltou.

– É para ele esta festa?!

– Sim! Sim! Seu pai está feliz.

O jovem pensou, pensou aborrecido.

– Corra para dizer a meu pai – ordenou rispidamente – que, à vista da festa que ele faz para o meu irmão perdulário, não mais entrarei em casa!

Tropeçando e caindo, lá se foi o criado para transmitir a triste notícia que recebera.

O pai saiu da festa ao encontro do filho rebelde que se negava, terminantemente, a participar de sua alegria.

O jovem, de pronto, censurou-o.

– Há tantos anos permaneço fiel a seu lado, sem jamais desobedecer a uma ordem sua. E, nestes anos todos, jamais me destinou uma festa igual.

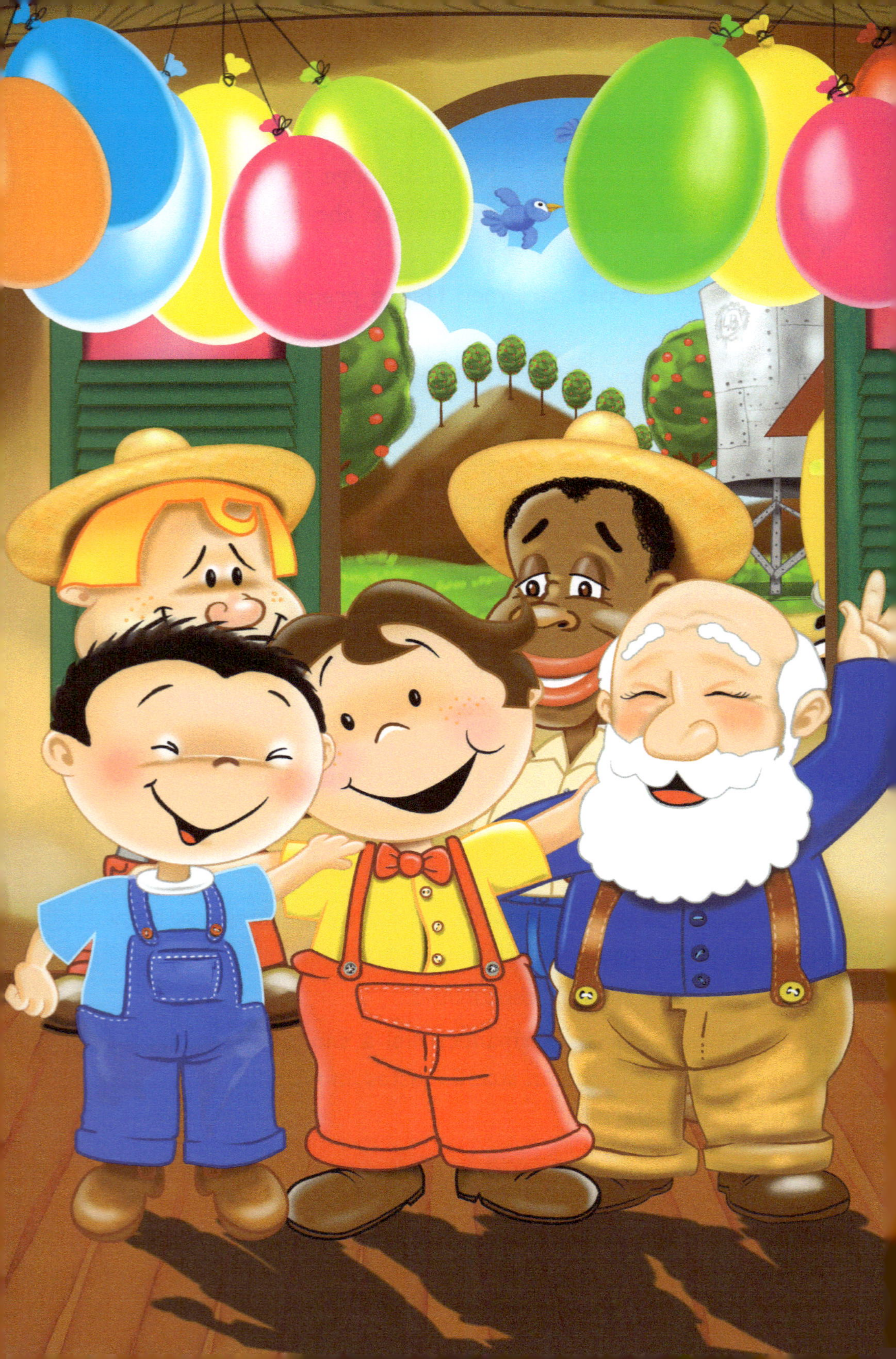

O pai condoeu-se da afirmação de egoísmo.

– Meu filho – ponderou, com muita sabedoria –, não lastime jamais o dever cumprido. E, por outro lado, não se envaideça jamais por ser bom. O que é meu é seu. Mas cumpre que festejemos com alegria esta hora, porque o seu irmão que estava em desequilíbrio se restabelece; cometia erros, e encontrou-se a si mesmo!

Depois de breve pausa, o pai complementou:

– Ajudemos uns aos outros, meu filho!

Tocado pela bondade paterna, o filho mais velho renunciou ao seu mau humor. Reconhecendo a lição de piedade, foi participar da alegria que todos sentiam pela volta do irmão que se arrependera de seus enganos.

*Jesus ensinou:*

*– Há júbilo diante dos anjos do Pai por um pecador que se arrepende.*

*Se as lágrimas de quem erra*
*Falassem do coração,*
*Não haveria na Terra*
*Nenhuma condenação.*

Joaquim Dias Neto

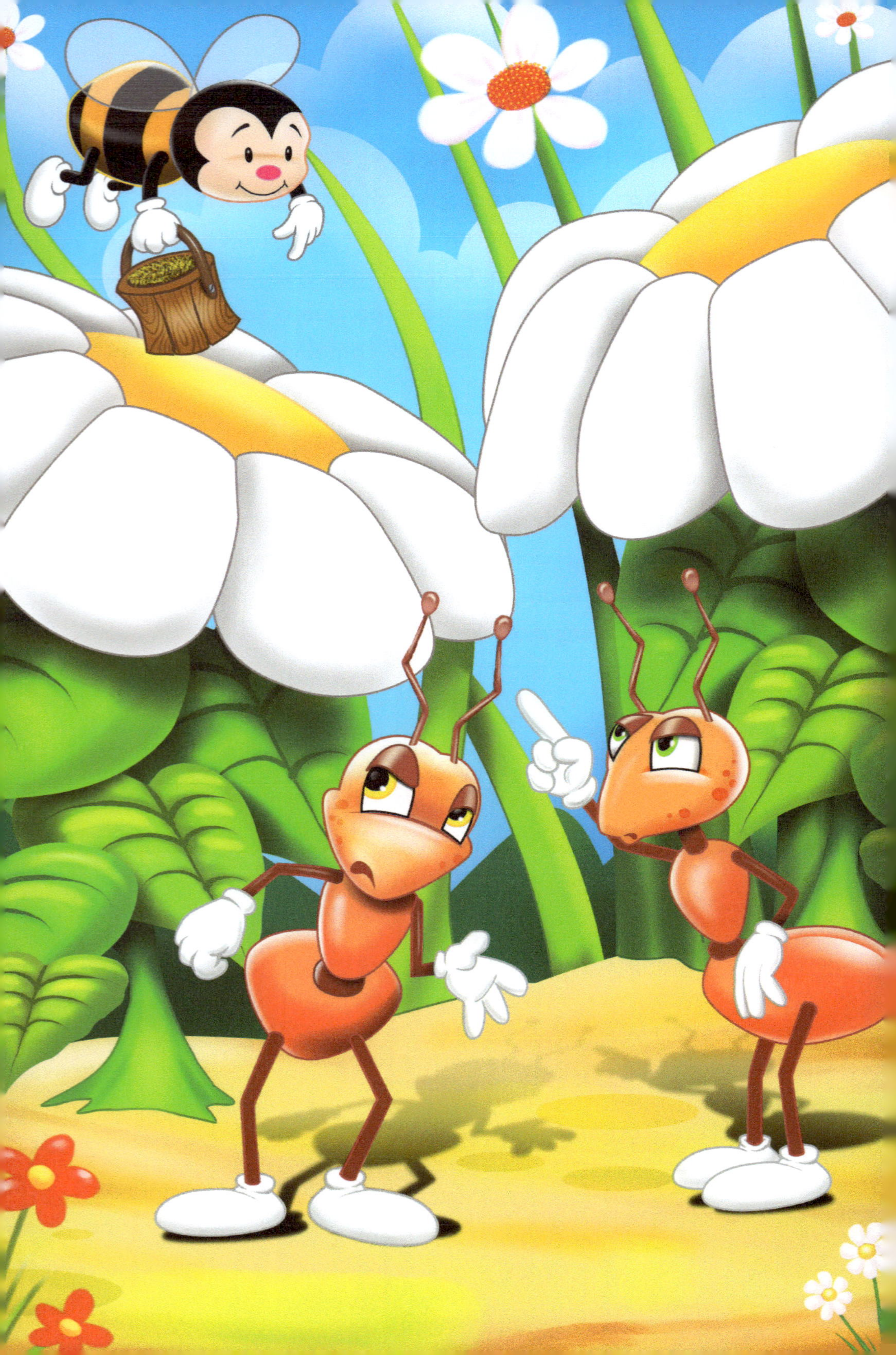

# *A Inveja*

Duas Formiguinhas, muito conhecidas pela inveja que sempre tinham de todos, estavam suando numa desabalada carreira para fugir do Tamanduá faminto.

Finalmente pararam ao pé de pequeno arbusto.

Mal haviam botado a linguinha dentro da boca e puxado um fôlego, uma delas exclamou:

– Veja! – apontava para cima do arbusto.

**Ambas**, então, viram num dos galhos a dedicada **Abelha** a extrair gotas de uma das flores. Depois, zunindo, rumava para a sua colmeia.

Ziuim... voltava logo depois.

– Ora, sim – resmungou uma das Formiguinhas desgostosas com a **Abelha** –, a intrujona a beber o mel, enquanto nós nos esfregamos na língua do Tamanduá!

– Isso não pode continuar! – completava a outra, demonstrando ainda maior inveja. – Só porque tem asas, não pode ter privilégios.

A Abelhinha, que tudo ouvira, baixou seu voo e veio, ao pé do arbusto, justificar-se num entendimento fraterno.

– Minhas amiguinhas – explicou a Abelha –, o mel que transporto para a colmeia não será por mim consumido. O Homem é quem o utiliza. E, nos meus vou e volto, levo nas patinhas um pozinho que se chama pólen e que serve para transformar as flores em frutos, em benefício do Homem.

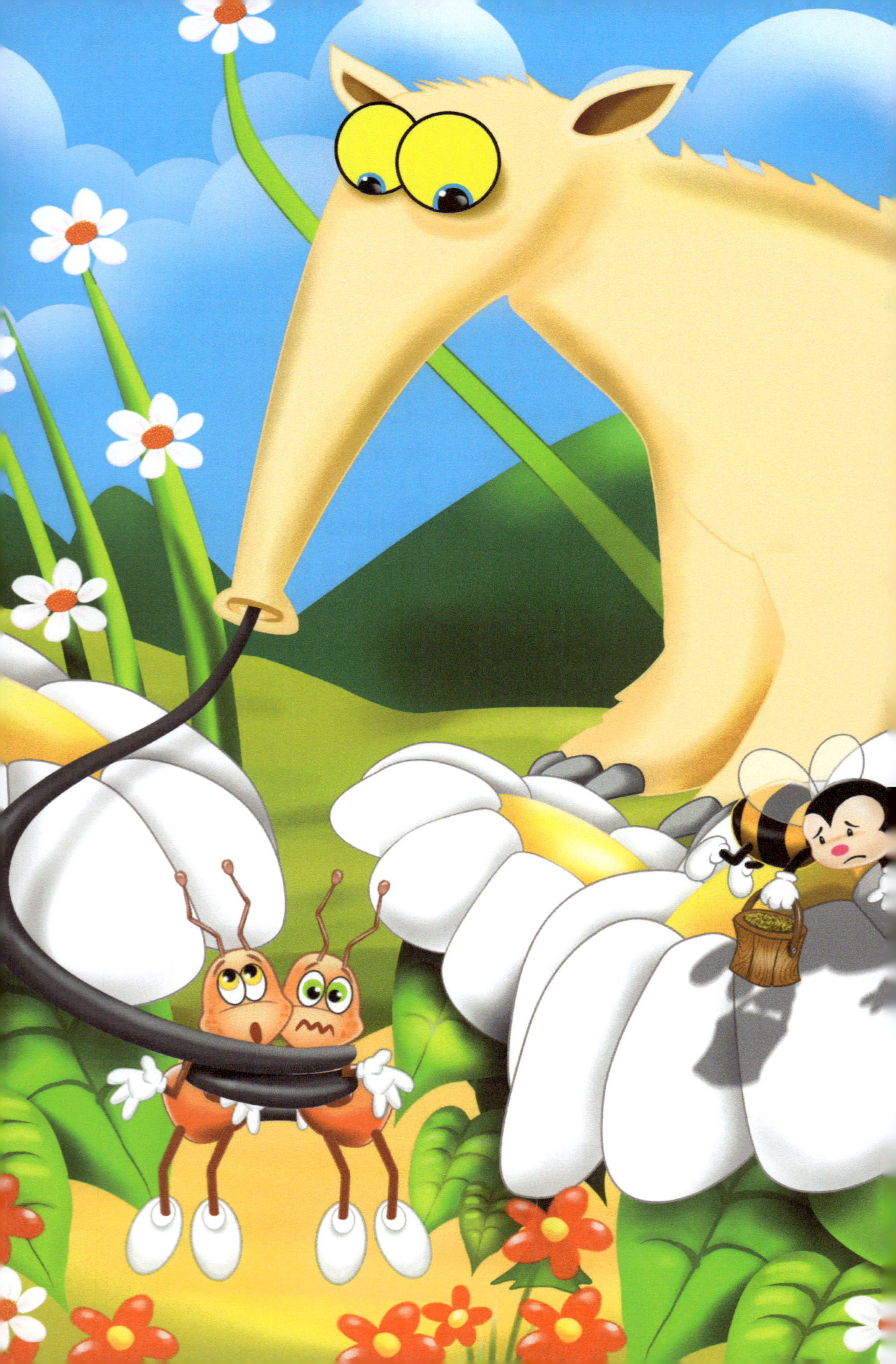

Mal se calara, as Formiguinhas a enxotaram:

– Fora! Fora com a faladeira!

E, sem alternativa, a Abelha recolheu mais algumas gotas de mel e zuniu na direção de sua colmeia.

As Formiguinhas, porém, tão logo se viram a sós, maquinaram uma tola vingança contra a Abelha. Afiaram os seus ferrões e atacaram impiedosamente o arbusto, de cujas flores a Abelha extraía mel.

Quando o arbusto caiu, ambas estavam cansadas.

Resfolegavam, sem conseguir arredar pé.

E justamente nessa hora o Tamanduá faminto reapareceu. Encontrou as duas tão exaustas que nem ofereceram resistência.

Caíram ambas prisioneiras.

A Abelhinha, que vira o final da cena, pôde apenas lamentar:

– Pobrezinhas! Quem utiliza as forças na obra de destruição não tem energias para garantir a própria sobrevivência.

*Quem busque felicidade*
*Viva e lute pelo bem,*
*Abençoe tudo o que exista,*
*Não pense mal de ninguém.*

Martins Coelho

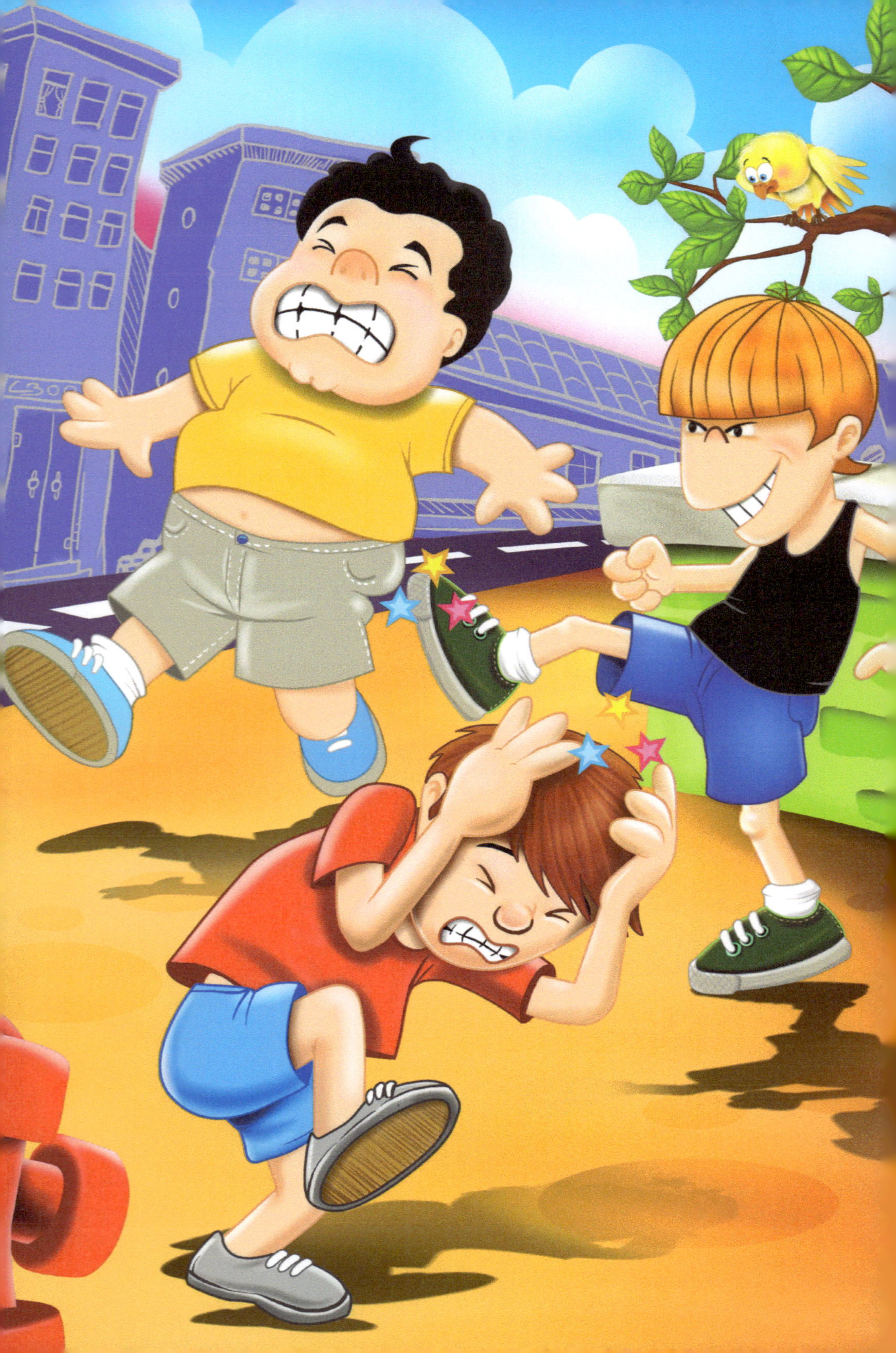

# O Arteiro

Zito já fizera mil artes.

Muita gente guardava dolorosa lembrança das más peças que ele pregava a crianças e aos mais velhos. Criava mal-estar e até levava alguns para o hospital.

Aos pais, não obedecia.

Contava com raríssimos amigos, porque, depois de alguns dias de folguedos, Zito agredia os garotos só pelo prazer de agredir.

A mãe, coitadinha, sofria demais.

Um dia, fugindo da escola, onde fora receber as lições do dia, dirigiu-se para uma lagoa. E lá, ao se banhar, ficou preso numa galharia e desencarnou.

...

Na Espiritualidade ele chorava.

Recebeu, ali mesmo, muitas visitas.

Outros jovenzinhos de sua idade vieram a seu encontro, penalizados pela choradeira sem-fim, e o convidaram a frequentar a Escola da Amizade.

E ele atendeu?!

Qual! Zombava de todos.

Temerosos de serem alcançados pelos seus famosos pontapés e munhecaços, logo os atenciosos meninos desistiram de consolá-lo.

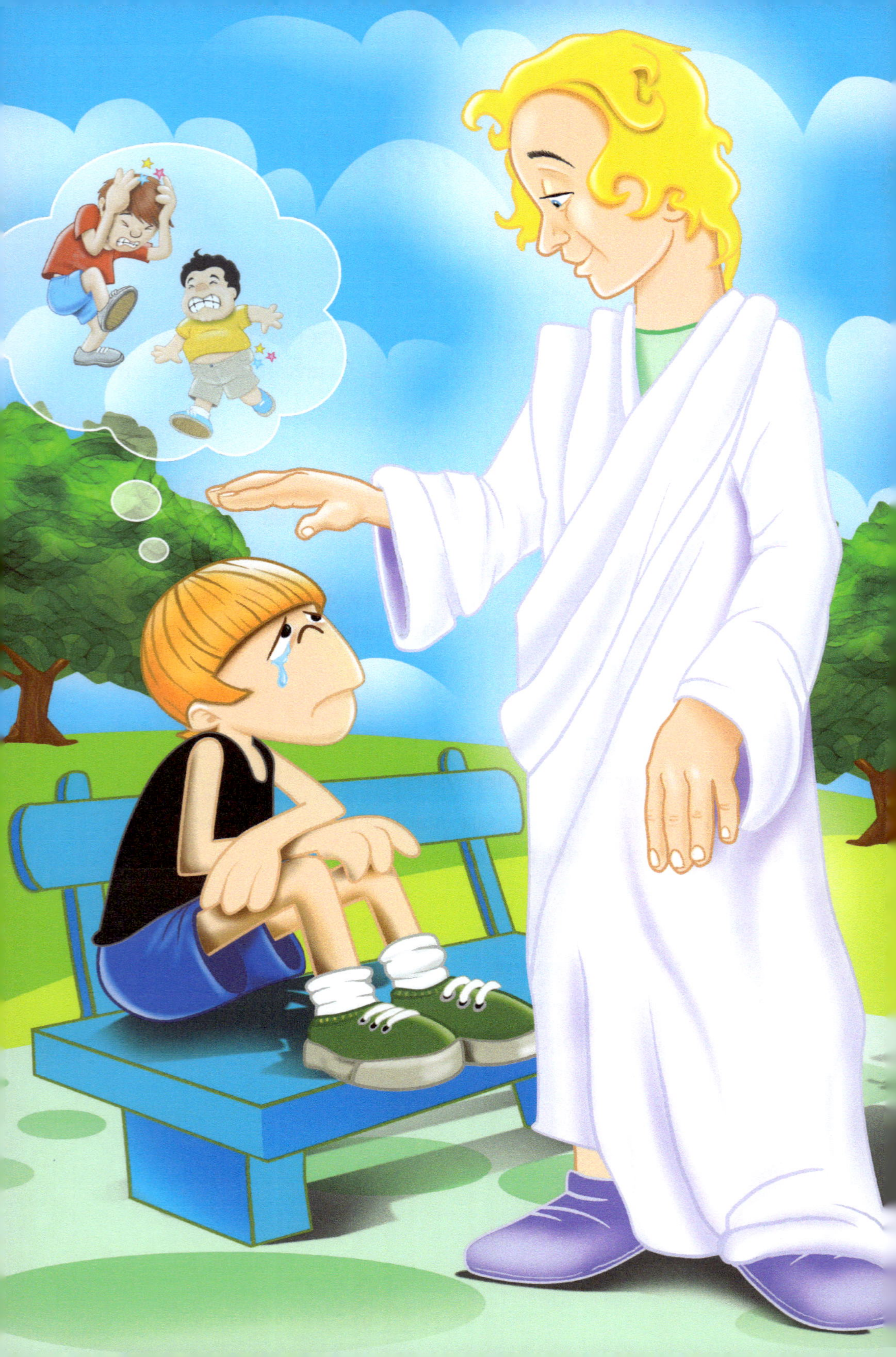

Zito, por isso, foi ficando esquecido.

Quando a solidão aumentava, ele amuava-se e gritava raivoso.

Um dia, Zito sentiu a cabeça estalando.

Apertava as têmporas. Lá dentro do cérebro tudo latejava. Uma zoeira sem-fim se avolumava.

De repente, começou a ter visões.

Na sua frente, qual se tudo estivesse a acontecer novamente, via um filme de todas as suas artes. Amigos chorando e fugindo de sua companhia... Gatos sofrendo horrores com suas maldades... Gente a acusá-lo e... sua mãe a defendê-lo.

Ah!

Quando reviu sua mãe, caiu chorando.

Desesperava-se, arrependido.

Nisso, um Espírito bondoso aproximou-se do daninho garoto e, tocando-lhe na cabeça, assegurou:

– Agora você se sentirá melhor.

Em lágrimas, Zito perguntou:

– Que são essas coisas que vi?

O Espírito logo esclareceu:

– Foi o despertar de sua consciência, Zito. Despertou a voz íntima que nos aponta os erros e você foi levado a rever algumas das maldades que causou na sua breve passagem pela Terra.

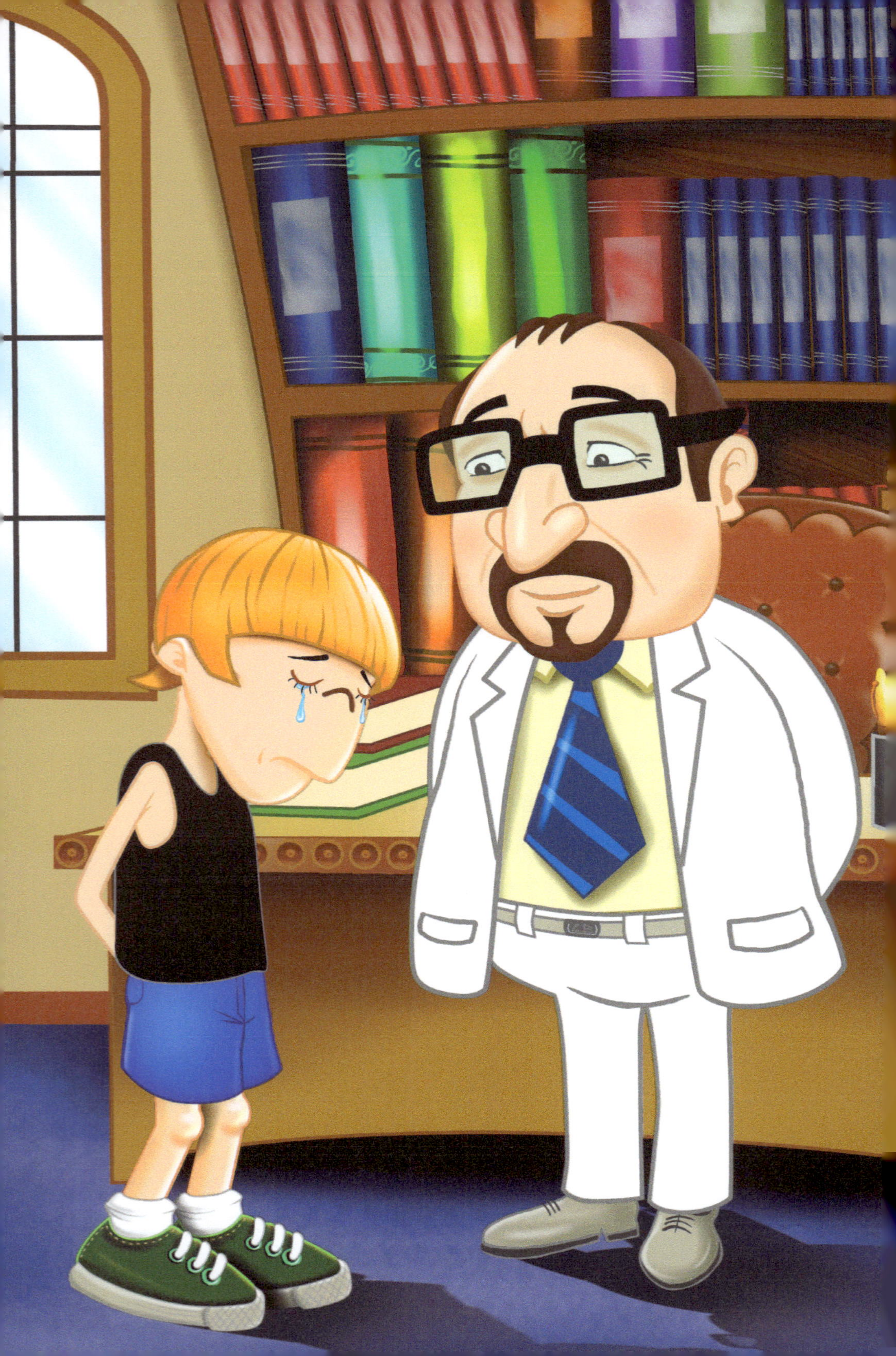

O Espírito, então, tomou-o pelas mãos e conduziu-o a um hospital de tratamento na Espiritualidade. Aí Zito passou a receber toda a assistência para suavizar as visões que iam e voltavam continuamente diante de seus olhos.

...

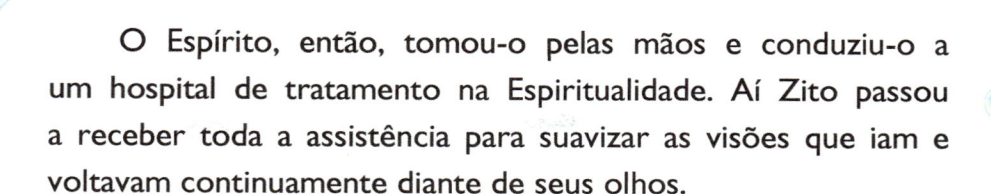

Zito, depois, foi admitido em uma escola.

Embora tivesse perdido muito de sua agressividade e já não fosse tão violento e daninho nas suas artes, sentia-se mais e mais solitário.

Um dia foi chamado à sala do Diretor.

– Que é que faz você evitar amizade com todos, Zito? Até as belas lições que as professoras transmitem não chegam a despertar seu interesse!

Ele baixou a cabeça.

– Ora, ora – disse-lhe o Diretor, levantando-lhe o queixo. – Estamos aqui para um entendimento de amigos.

Duas lágrimas rolaram pelas faces de Zito.

– Não sei... sinto grande tristeza!

E, após fazer uma pausa, Zito confessou:

– Tenho vontade de voltar para casa e, junto de todos aqueles a quem prejudiquei, queria começar vida nova!

– São esses os seus pensamentos?

Zito fez que sim, num sinal de cabeça.

O Diretor, passeando de um para outro lado, apiedado da angústia de Zito, pensava muito.

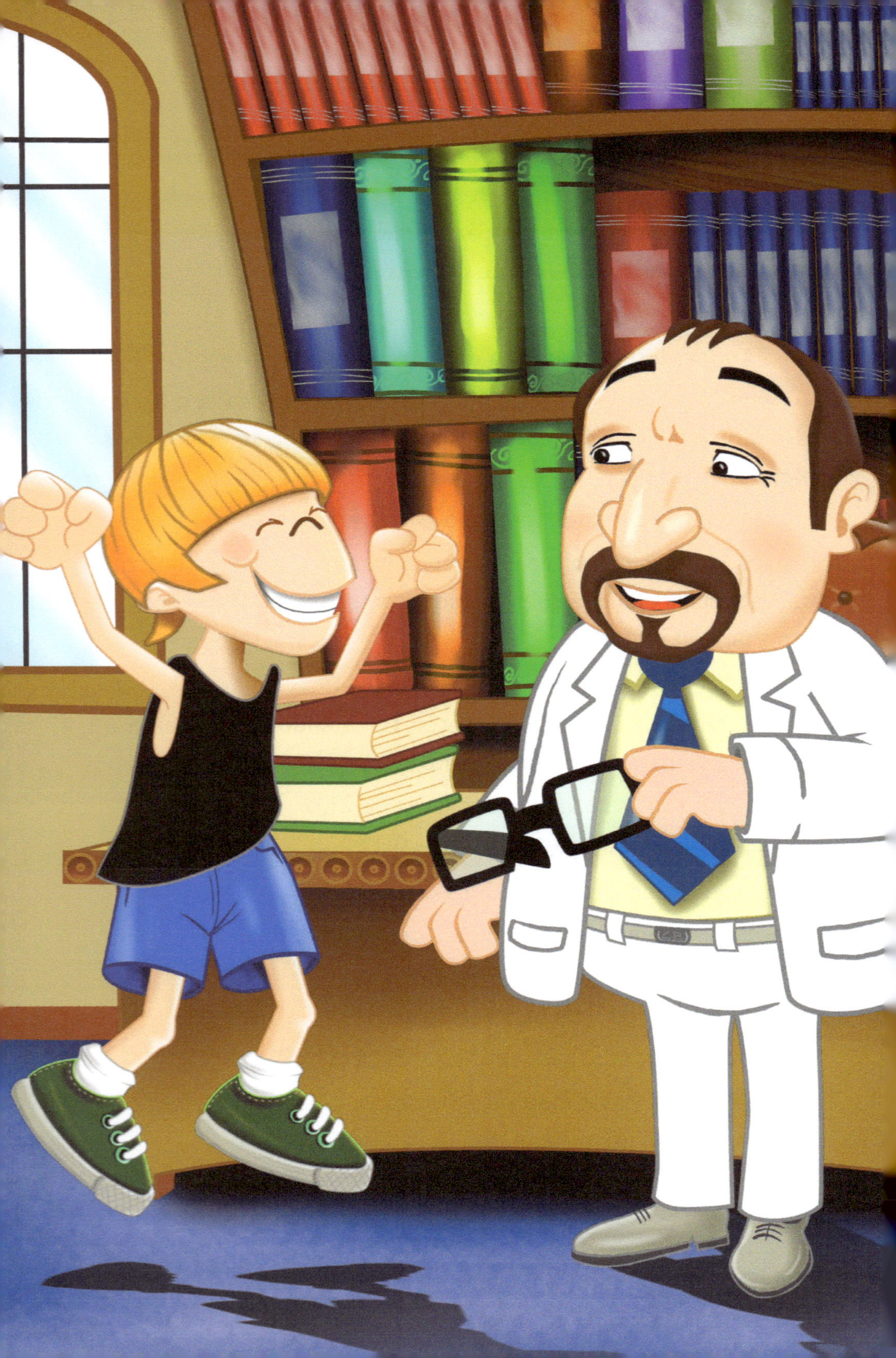

– Você se tornou razoável – afirmou o Diretor paternalmente. – Acredito que, voltando a seu antigo lar, será capaz de começar vida nova.

Zito deu um pulo de alegria.

Logo, porém, refreou-se e tornou a ficar calado.

– E que houve agora? – perguntou o Diretor.

O garoto respondeu quase de pronto.

– Quero recomeçar a vida! Mas de que maneira se, ao me verem, todos irão lembrar-se de quem fui?

Ele sentia vergonha em pensar que, na sua volta, seria acusado de muitos dos grandes desastres que ocasionara.

– De que modo mamãe me receberá?

– Ela o verá como um novo filho, Zito.

E o Diretor explicou:

– Jesus, no seu grande amor por nós, quando permite o nosso regresso à Escola da Terra, favorece-nos com um novo corpo. Ali agasalhado, nem nossa mãe, nem nossos parentes, nem nossos amigos ou inimigos, conseguem descobrir em nós os sinais de quem fomos.

E o Diretor ainda complementou:

– Os que nos recebem, por mais que queiram, jamais descobrirão o nosso passado.

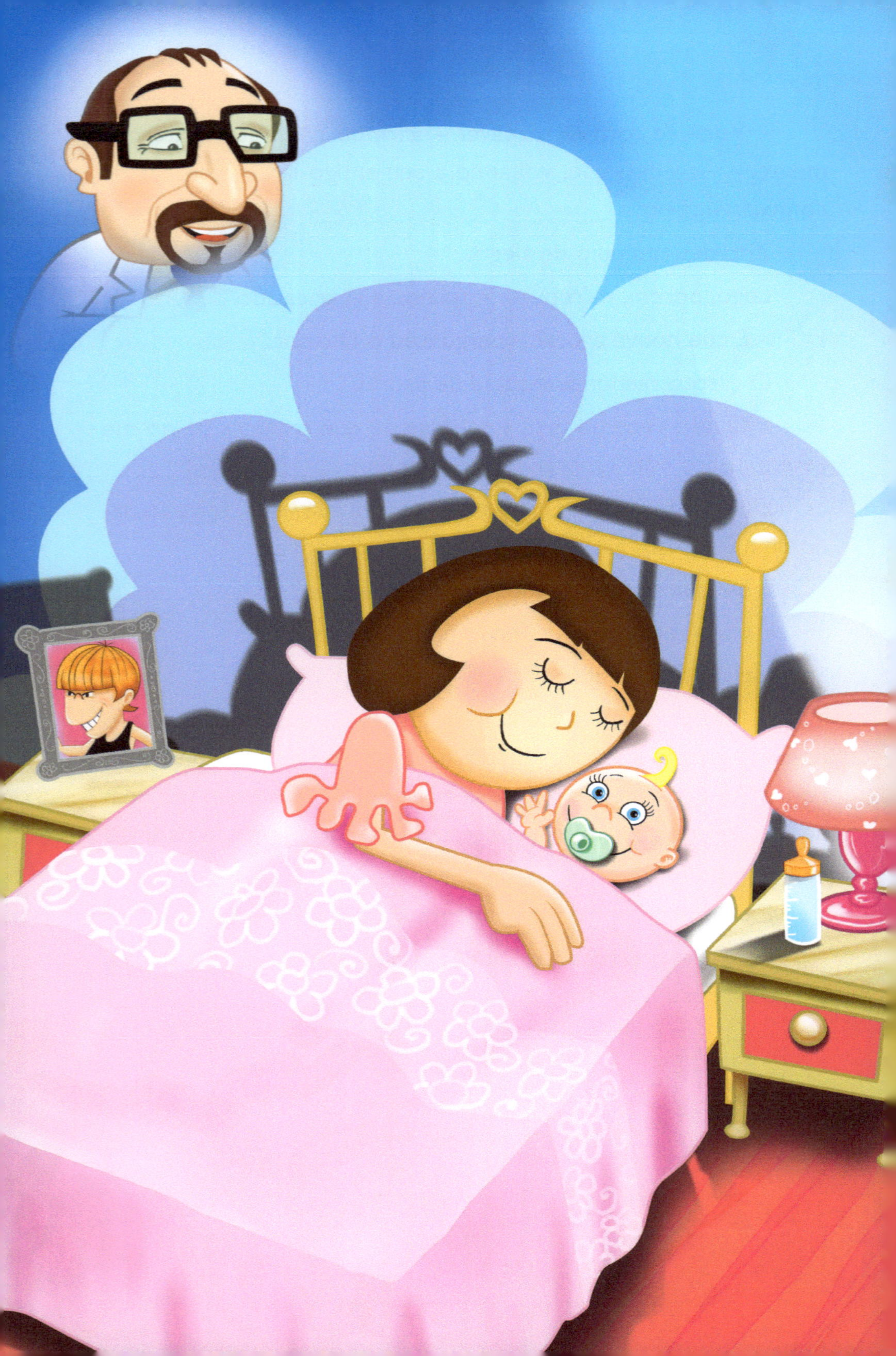

– E eu?! – afligia-se Zito. – Sabendo quem fui, como poderei viver entre eles? Verei em cada pessoa alguém que já sofreu com minhas artes.

O Diretor espiritual sorriu.

– Aí é que a sabedoria de Jesus se mostra ainda maior, Zito. É que, ao reencarnar, nós somos beneficiados pelo esquecimento da vida que já levamos. Com isso, apagam-se de nossa memória todos os atos levianos que um dia praticamos. Poderemos, nos mesmos lugares onde causamos males, iniciar uma vida de bons exemplos.

Zito suspirou animado.

Guardava a certeza de que, finalmente, as lembranças de seus erros seriam varridas de sua memória. Junto de seus pais outra vez, poderia recomeçar a viver, prometendo a si mesmo que abandonaria o hábito de ser mau.

É assim que, reencarnados, prometemos a nós mesmos e a Jesus que seremos bons, muito bons para todos. Não guardaremos nenhuma lembrança de nossos enganos da última vida que tivemos na Terra.

*Deus tinge de verde a erva,*
*Mostrando em toda a extensão*
*Que nunca falta esperança*
*para os caídos no chão!...*

Alberto Souza

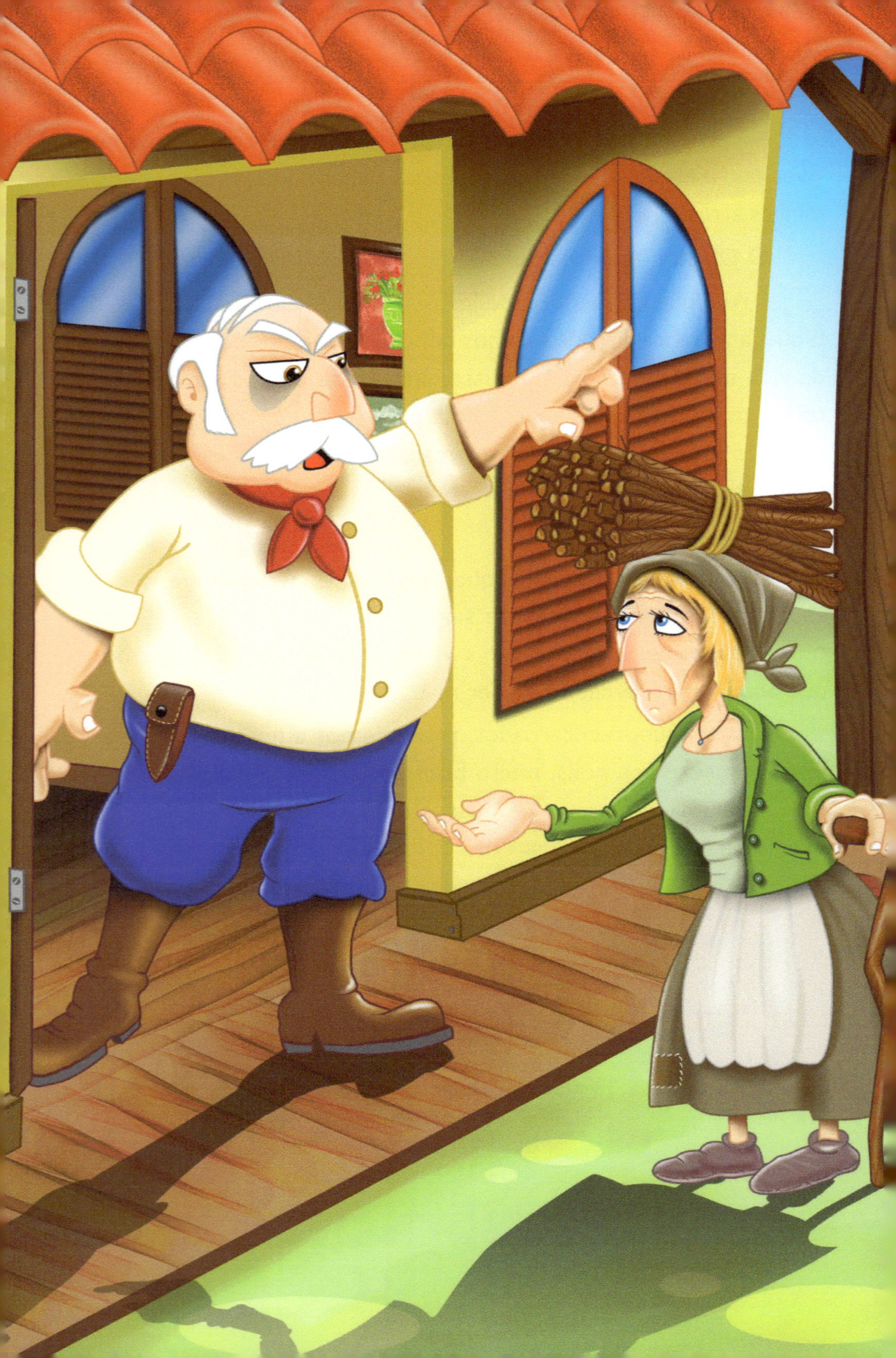

# A Avareza

Era já quase noite.

Diante da grande fazenda, a Velhinha parou. Descansava do feixe de lenha que levava à cabeça e tomava fôlego.

Parecia muito, muito cansada.

– Ah! – suspirou a Velhinha. – Quem me dera encontrar um naco de pão.

Dito isto, bateu palmas à porta da casa do dono da fazenda.

– Quem é? Quem é?! – acudiu tempestuosamente o Fazendeiro.

– Um naco de pão, meu senhor.

– Fora! Fora!

E ele impiedosamente enxotou a Velhinha, pondo-a a correr, já sem lenha, já sem pão.

Ele, por sua vez, voltou à sala.

Ritinha, a sua boa filha, perguntou:

– Quem era, papai?

– Era... Era uma pe-din-te! – ele gaguejou transtornado. – Queria um naco de pão.

– E o senhor não deu?

– Dar?! – quase gritou o avarento Fazendeiro. – Acaso trabalho dia e noite para sustentar qualquer preguiçoso que me bata à porta?

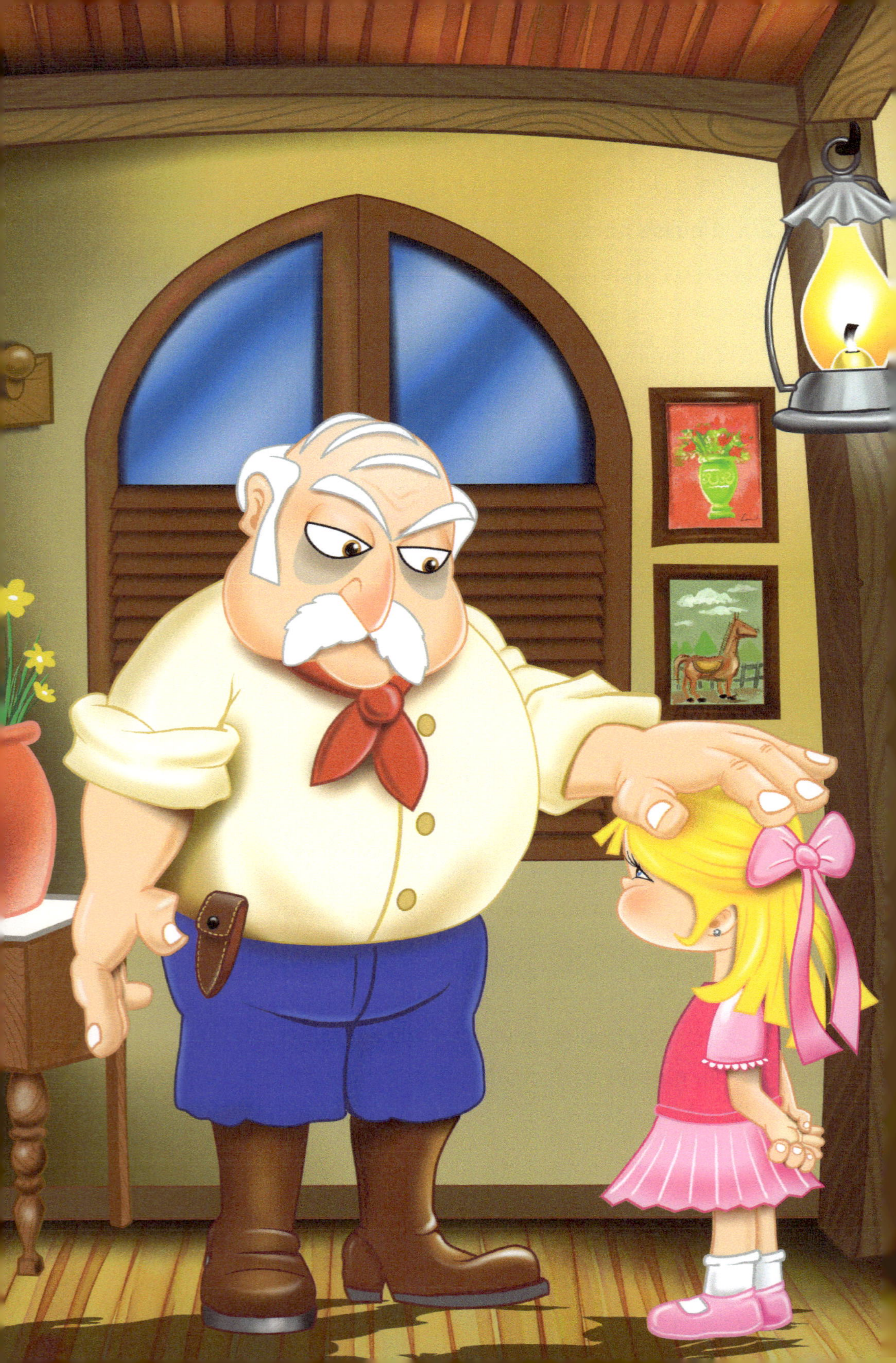

A menina com doçura lembrou:

– O senhor disse que tínhamos muito trigo no galpão, papai. Um nadinha que desse não nos faria falta, não é?

O pai, dominado pela avareza, esfregou a cabecinha da garota.

– Claro que temos muito trigo! Mas, quando você crescer, vai entender que não se atira pela janela afora o que se conseguiu com suor.

Ritinha não se deu por vencida.

– Mas o senhor teve até de aumentar o celeiro, paizinho, para comportar todo o trigo!

– Ora, ora, minha filha... E para quem o papai trabalha, hein? Para quem? É para você e não para os que perambulam sem destino.

A menina emudeceu.

Entristecida porque seu pai não se apiedava de ninguém, retirou-se pensando muito em quem viera suplicar um naco de pão.

De sua janela, Ritinha viu a Velhinha.

Notou que, por ser tarde da noite, a Velhinha procurava refugiar-se num dos celeiros e, naturalmente, lá dormiria até ganhar forças para seguir em frente.

...

Durante a madrugada, acordaram com gritos.

– Fogo! Fogo!

O Fazendeiro, correndo na direção do celeiro em chamas, agitava-se diante das labaredas que iluminavam a noite.

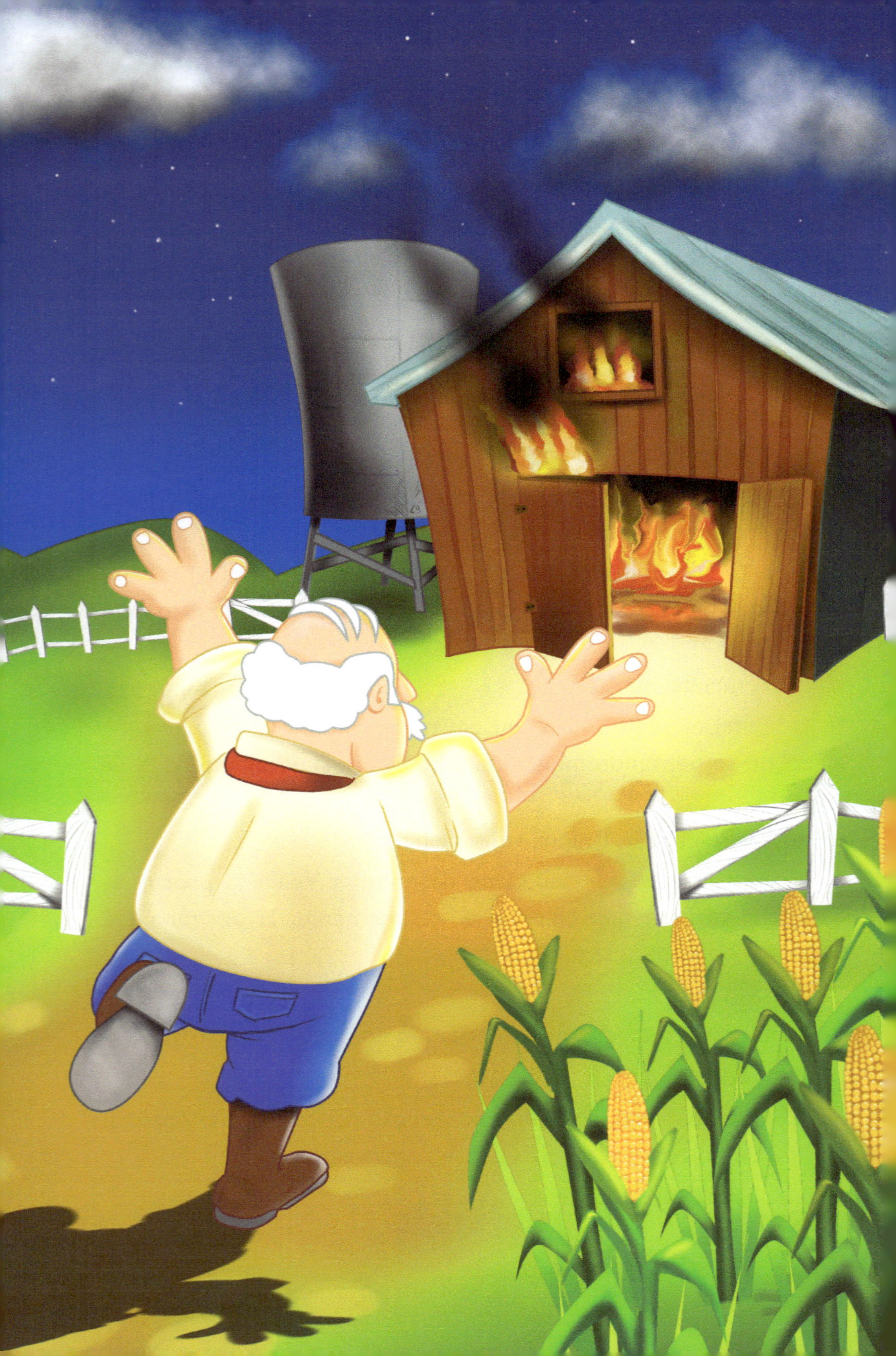

Desesperado, entrou na construção incendiada, e, a última vez em que foi visto, estava abraçado numa saca de grãos de trigo que se queimava.

Ele desencarnou, em sua alucinação.

...

Por muito tempo o Fazendeiro avarento perambulou pela Espiritualidade menos feliz, gemendo:

– Meu trigo... Meu rico triguinho!

Mas agora um bom Espírito o socorria.

– Tenho frio – gemia o infeliz.

O Espírito deu-lhe um agasalho.

– Ah! – suspirou mais confortado. – Tenho fome... muita fome!

O Espírito deu-lhe um naco de pão e ponderou, com brandura:

– Veja, meu amigo, que nada valeu juntar além do necessário, negando migalhas aos que lhe batiam à porta. Bastou uma chama descontrolada e... ruiu toda a sua riqueza!

– É verdade – confirmou o pobre homem entre lágrimas. Querendo justificar-se, disse: – Não atendi a Velhinha que me estendeu as mãos porque... porque era uma preguiçosa que, talvez, nunca soube trabalhar!

– Nem tanto – ajuntou o Espírito.

– Tenho certeza! Tenho certeza!

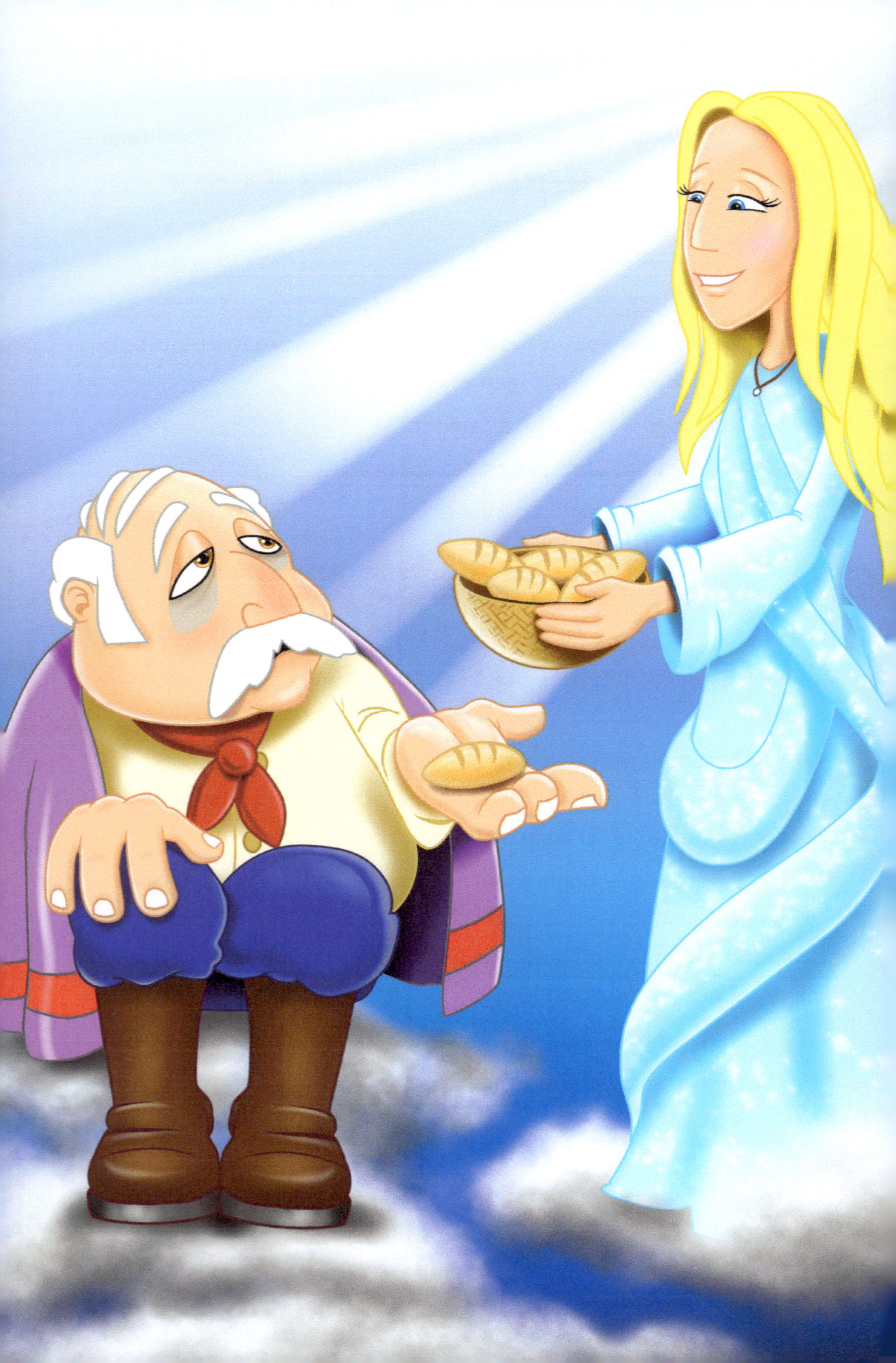

O Espírito sorriu e acrescentou:

– Fui eu quem lhe bateu à porta, naquela noite, tentando acordar o seu coração para o Bem.

"Os que entesouram fortunas apenas para si próprios, alegando estar pensando no futuro da família, costumam dizer a si mesmos: – Eis que sou um homem previdente e realizado. Posso dormir tranquilo, porque tenho a minha fortuna.

"Esses pobres coitados mal sabem que poderão naquela noite ser chamados por Jesus e obrigados a abandonar os seus tesouros, levados pela desencarnação."

O Fazendeiro ficou ruborizado.

Chorando ainda, foi conduzido a um hospital na Espiritualidade, a fim de receber algumas lições vivas de amor ao próximo.

E Ritinha, nas suas preces noturnas, em benefício do pai, sempre relê a afirmação de Jesus:

– Tende cuidado e guardai-vos de toda e qualquer avareza. A vida de um homem não consiste na abundância dos bens que ele possua.

A vida, nas Leis da Vida,
Em tudo se mostrará,
Tirando o que se lhe tira,
Doando o que se lhe dá.

Silveira Carvalho

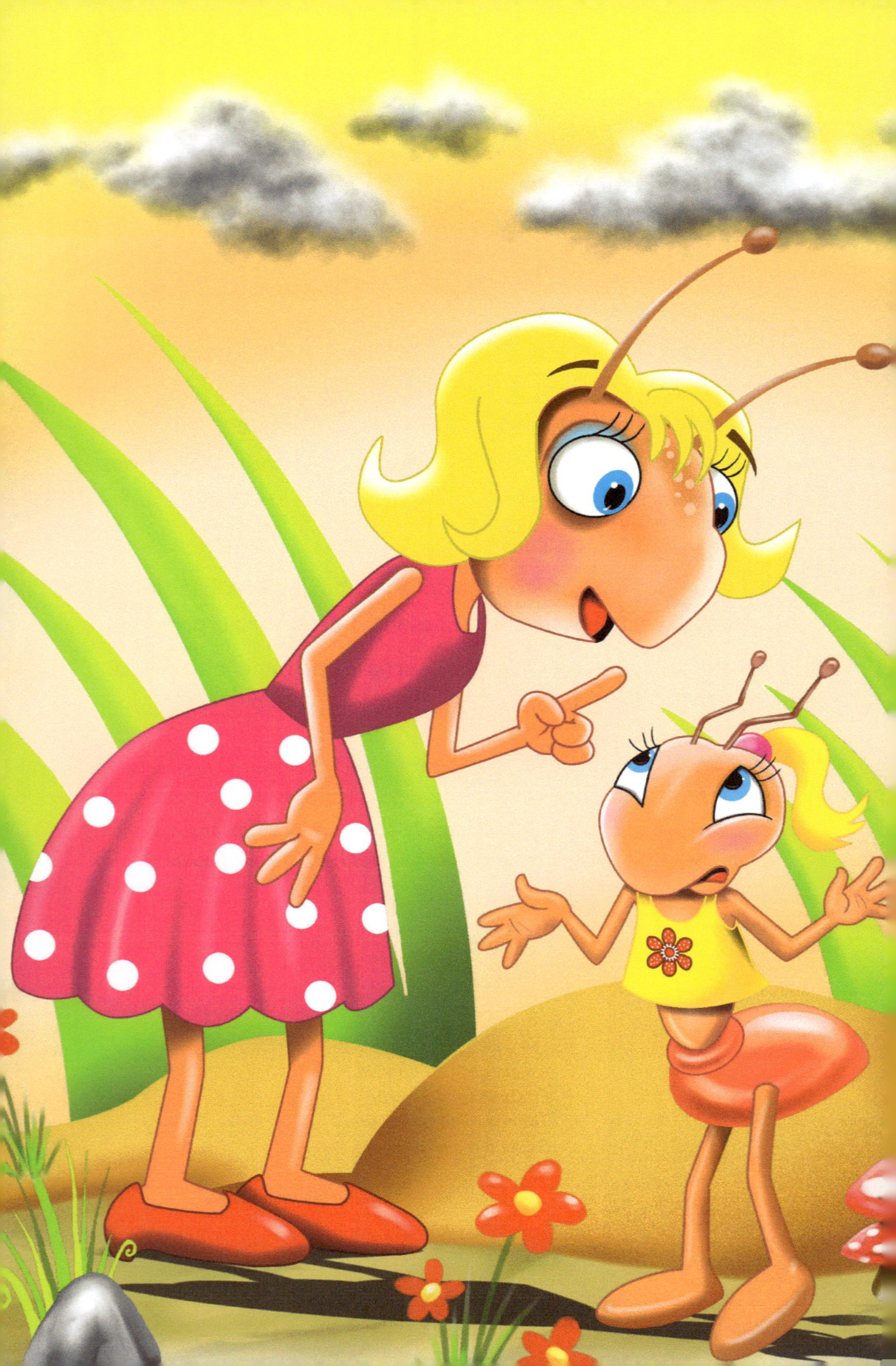

# A Formiga Alada

Uma formiguinha, após admirar a paisagem e demorar-se a ver as aves em pleno voo, no azul do céu, voltou para casa.

– Quero voar! – disse a todos. – Quero voar!

A Formiga-mãe prontamente advertiu:

– A asa é perigosa para nós, filhinha.

Mas a Formiguinha, teimosamente, batendo os pés no chão, proclamava:

– Quero voar e conhecer o mundo.

Fez-se inútil toda a ponderação materna.

Em vão a Formiga-mãe lhe disse que a beleza da vida consistia em cada um ser o que era, e em não desejar ser o que os outros eram.

Ela ouvia, porém logo após choramingava:

– Quero asas para voar!

Os meses, assim, correram. Quando chegou a época do calor, a Formiguinha um dia acordou e notou que, nas suas costas, havia duas delicadas membranas.

Imediatamente as sacudiu.

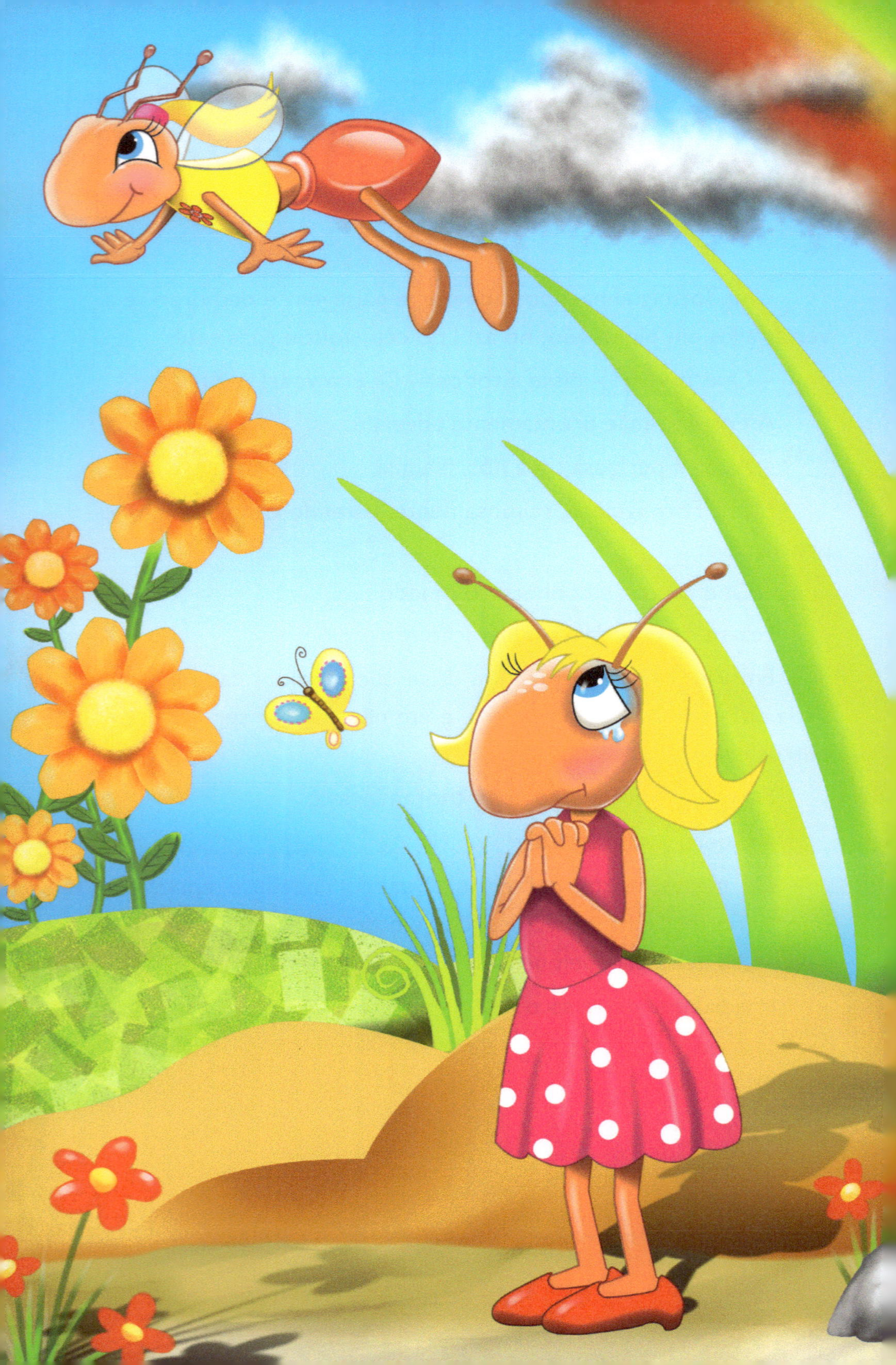

Ao ver que vibravam como asas, levantando-se do chão, a Formiguinha gritou quase desesperadamente para a mãe.

– Já posso voar!

A Formiga-mãe, meio chorosa, abraçou-se à Formiguinha alada, como em despedida, e disse-lhe:

– Minha Formiguinha, com suas asas, agora, você se elevará do chão. Veja, porém, que muitos por não saberem utilizá-las com prudência terminam em grandes quedas.

– Comigo não, mamãe!

E orgulhando-se de sua habilidade, a Formiguinha alada, desajeitadamente, arrasta-arrastando, saiu do olheiro em que nascera e começou estonteadamente a voar.

Voou... Voou... a perder-se nas alturas!

E nunca mais, a partir de então, houve notícias daquela Formiguinha alada que, ao criar asas, aventurou-se para tão longe que não encontrou o caminho da volta.

*Escada de humana estima:*
*Ilusão e cambalacho...*
*Há quem desce e vai acima,*
*Há quem sobe e vem abaixo.*

Teotônio Freire

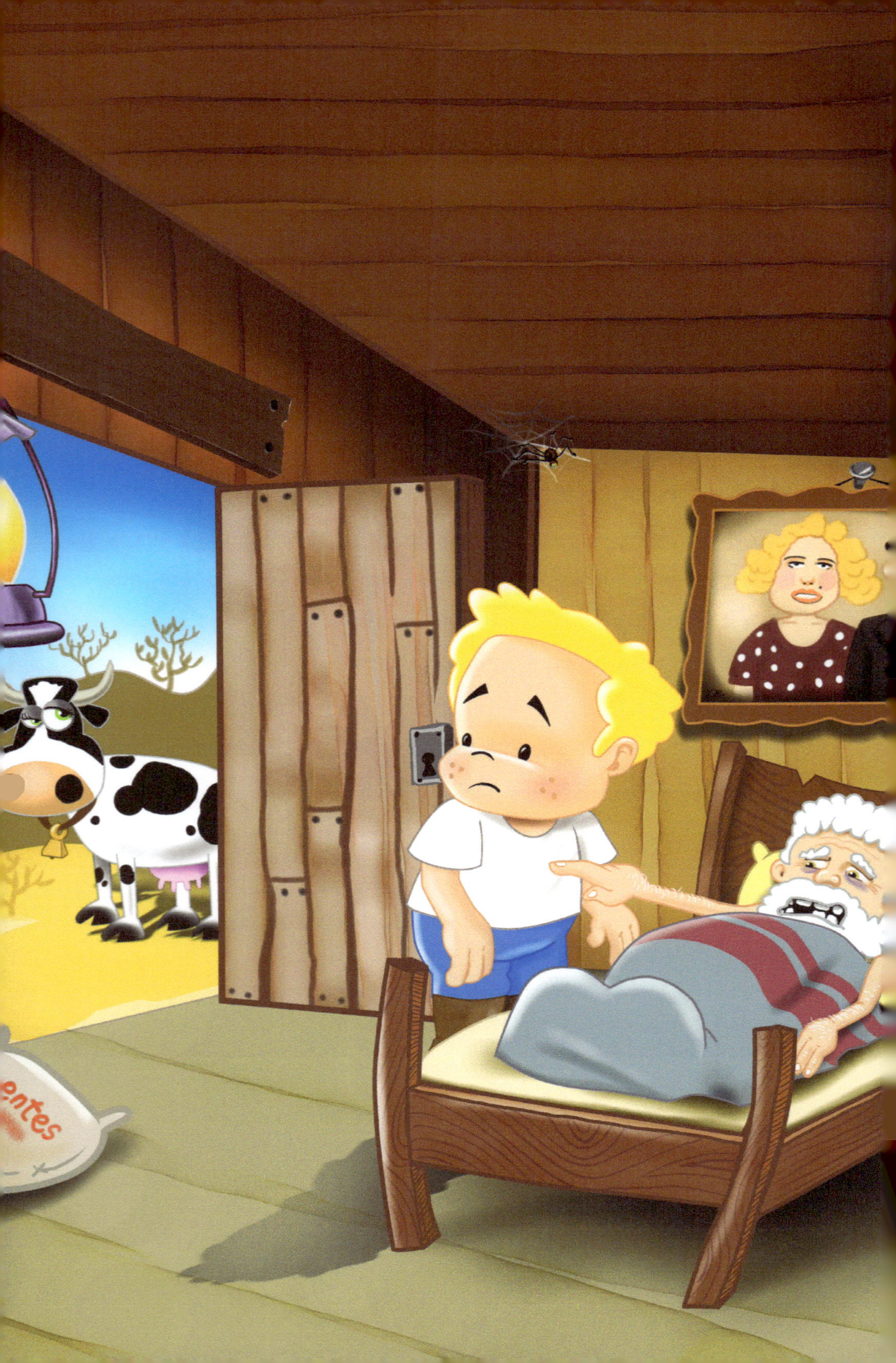
entes

# A Semente

Um bom senhor, às portas da desencarnação, chamou para junto do leito o seu único filho, Mindinho.

– Meu garoto – disse-lhe o pai, em despedida –, nada tenho de valioso para dar-lhe. Deixo-lhe, porém, a Malhada, nossa vaquinha, e estas sementes de bom capim.

– Sim, meu pai – concordou Mindinho lacrimoso.

O velho suspirou e disse ainda:

– Lembre-se, Mindinho: trabalho e persistência são indispensáveis para que Deus abençoe as boas obras. Faça, pois, o bem hoje e sempre, e um dia você colherá os resultados.

Foi assim que Mindinho ficou com Malhada e com as sementes.

Os meses corriam sem que ele se ativasse.

Malhada, que se alimentava quase sem pasto, toda manhã oferecia o seu pouco leite ao jovem. E Mindinho, à tarde, punha-se a revolver pensamentos de desalento, olhando as sementes que o pai lhe confiara.

– Ora, sim... sementes de capim!

Um dia, alegando estar farto de viver naquele sítio tão pobre, resolveu vagar pelo mundo, à procura de melhores oportunidades.

Fez a sacola de viagens.

Soltou Malhada e pegou as sementes.

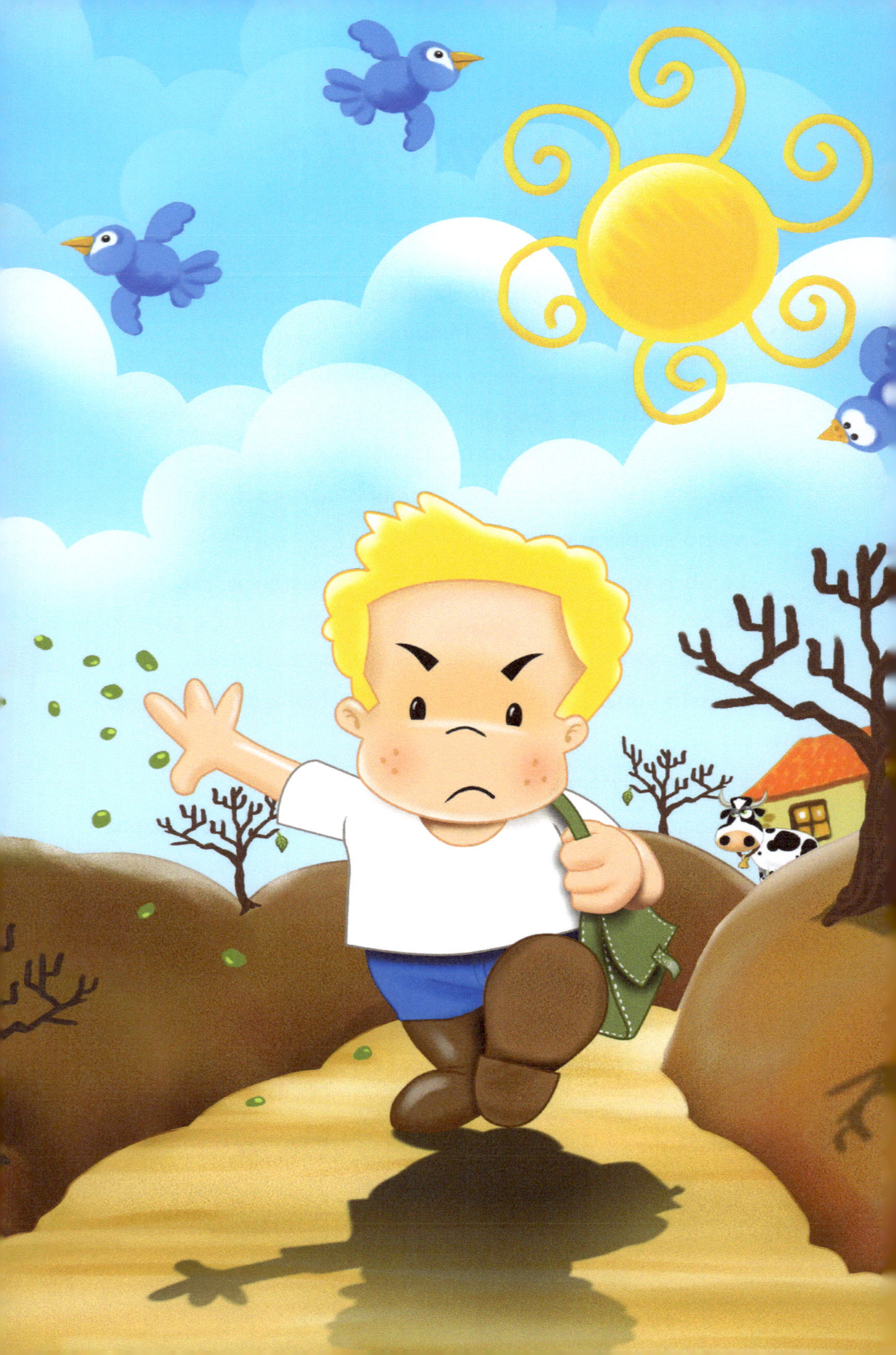

Ao longo do caminho, por onde vagava, atirou-as a esmo. Resmungava sempre que, afinal, o pai poderia ter-lhe deixado alguma coisa de maior valor que o livrasse das adversidades de uma existência pobre.

Os anos escoaram lentamente.

Nas suas andanças, sempre que Mindinho deparava com alguma casa abastada, seus pensamentos mais amargosos se voltavam contra o velho pai.

– Deixou-me apenas uma vaquinha e sementes de capim! Por que não deixou logo uma fortuna, para que eu pudesse viver com despreocupação?

De amargor em amargor, de enfermidade em enfermidade, eis que se reduziu à condição de maltrapilho andarilho, vivendo de alimentos que lhe davam de porta em porta.

Um dia, já envelhecido, após tantas e tantas voltas sem rumo certo, terminou por retornar ao sítio que abandonara.

Mal pisou na estrada, ficou deslumbrado.

Os campos, antes áridos, estavam com verdes pastagens e, de trecho em trecho, espantava-se por encontrar-se com famílias felizes e que outrora eram muito pobres.

Ninguém lhe negava pão e leite.

Numa casa, arriscou tímida indagação:

– Esta não era uma região pobre?

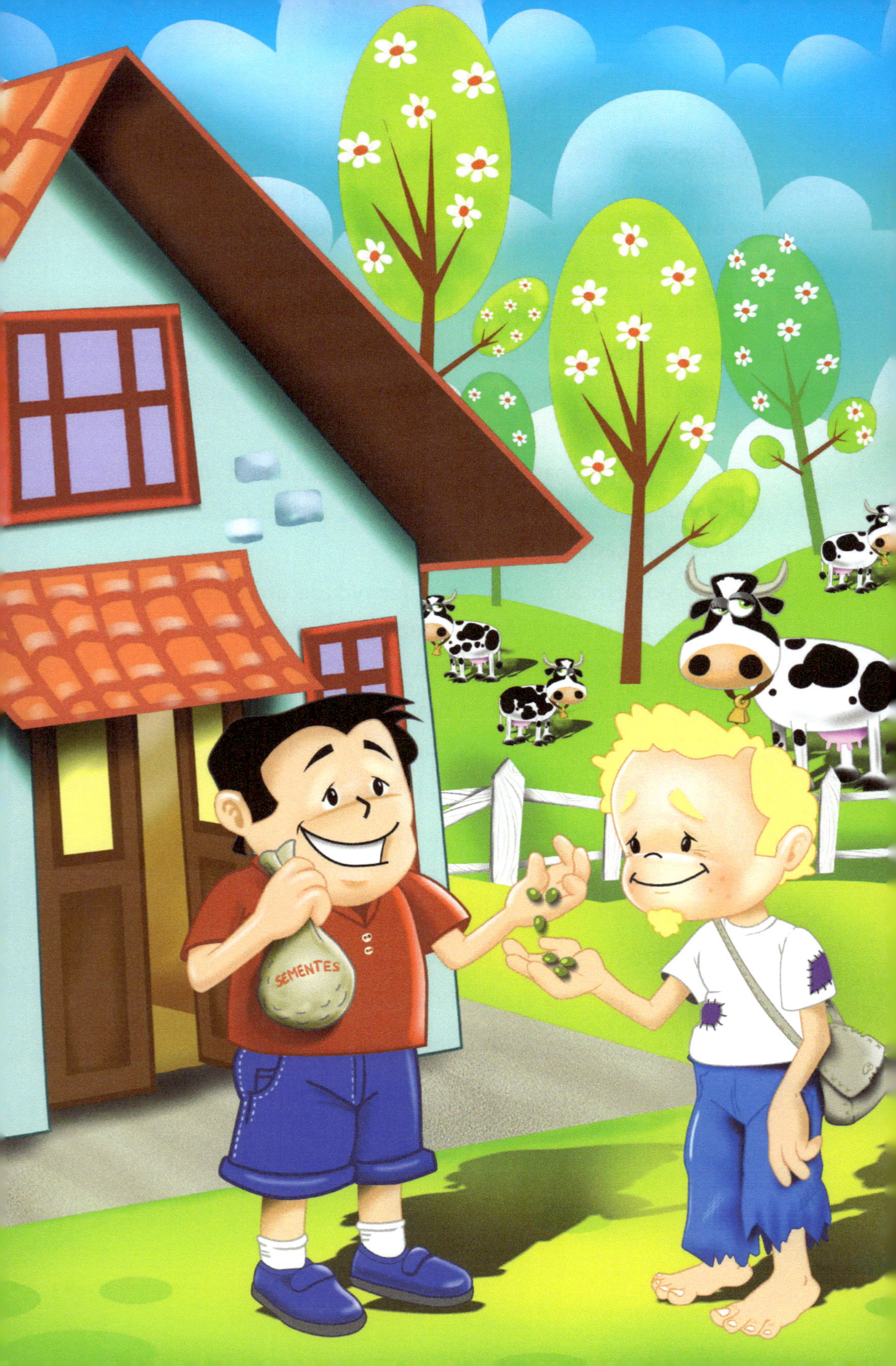
SEMENTES

– Era! – confirmou o dono da casa.

– E como se explica esta transformação?

Os olhos do hospedeiro iluminaram-se.

– Ah! meu caro! – começou a dizer. – Há alguns anos, alguém de coração sábio e generoso espalhou por estes campos esquecidos algumas sementes de um capim maravilhoso... Não bastasse isso, deixou que uma vaquinha aqui perambulasse, trazendo-nos leite e muitos bezerros.

Após uma pausa, ele complementou:

– Com o capim e a vaquinha, reunidos ao trabalho e à persistência, Deus abençoou nosso esquecido vale. Aí tudo se tornou fértil e, hoje, graças ao querido desconhecido, todos somos felizes.

Mindinho ouviu arrependido.

Lembrando-se das palavras do próprio pai, já sem nenhuma revolta, afirmou:

– Quero permanecer nestas paragens.

O homem mostrou-se satisfeito.

– Seja bem-vindo! – disse-lhe, sem reconhecer no seu visitante aquele que espalhara as sementes de capim e se desligara de Malhada. – Demonstrando a nossa alegria em recebê-lo, dou-lhe algumas sementes de nosso abençoado capim, fazendo-o lembrar que "com trabalho e persistência, Deus abençoa as boas obras".

E Mindinho, já envelhecido, resolveu começar de novo, do ponto em que parara. Levava em suas mãos algumas sementes do generoso capim.

*Dos ensinos vida afora,*
*nunca vi assim tão grande:*
*Felicidade não mora*
*Onde trabalho não ande.*

Leôncio Correia

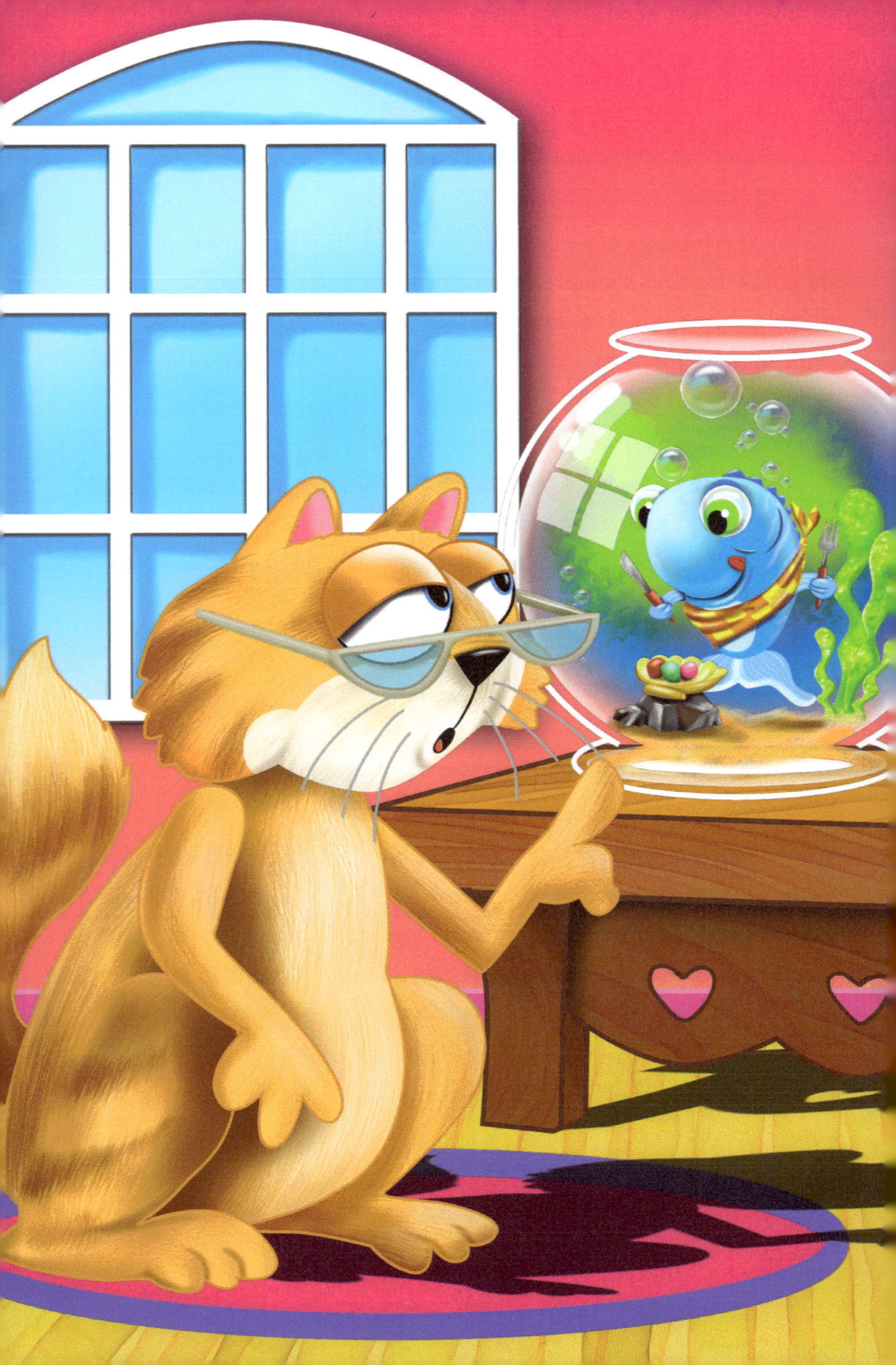

# O Peixinho Azul

Ploc era um peixinho azul.

Além da cor, o seu porte gracioso e as ondulações que fazia para nadar pelo seu aquário despertavam tanta admiração, que todos iam vê-lo.

Até guardanapo ele usava às refeições!

O pobre Mimi, porém, um gatinho já vencido pela idade e pelas experiências da vida, muitas vezes o advertia com brandura:

– Não cultive o orgulho, Ploc.

Ploc invariavelmente retrucava, levantando o queixo voluntarioso:

– Não me aborreça, gato velho!

Mimi sacudia a cabeça e retirava-se.

Um dia, no entanto, quando Fifica, a arrumadeira da casa, transportava o aquário para a limpeza do dia, inadvertidamente virou o vaso e Ploc se estatelou no chão seco, sendo atirado para debaixo de um móvel, sem ser visto.

Debatia-se o infeliz.

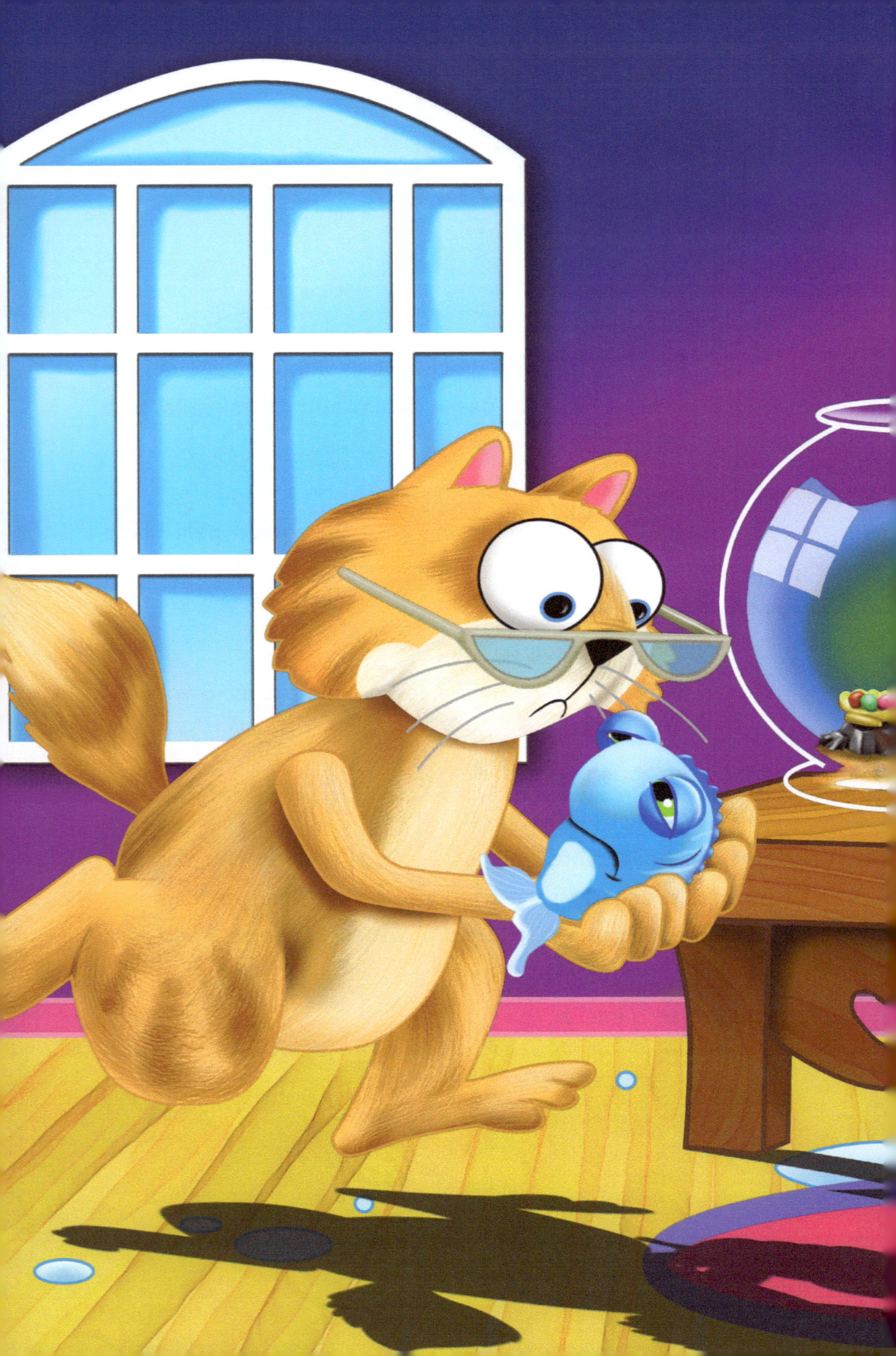

Abria e fechava as guelras, ansioso por respirar. E a sua coloração azul quase se tornava rubra de esforço. Mas tudo era inútil, porque a sua agitação não chegava a ser ouvida por Fifica que, também atribulada, estava a procurá-lo.

De repente, toda a família estava na busca.

Mimi, sem nada saber, penetrou na sala.

Diante do corre-corre, coçou a cabeça e, ouvindo os lamentos de Fifica, entendeu o que ocorrera.

Pôs a funcionar o seu olfato.

Não demorou muito, e Mimi trouxe Ploc preso pela cauda, no auge da agonia.

Quando o aquário estava de novo no lugar, eis que Mimi se aproximou e, dialogando com Ploc, lembrou:

– Por muito grande seja o nosso orgulho, peixinho, basta nos falte o ar e imediatamente caem por terra a nossa beleza e o nosso orgulho, enterrados sob o nosso desespero.

Ploc, arrependido, fez que sim com a cabeça.

A partir daquele dia, embora continuasse a ser um peixinho azul e muito gracioso em seu porte, Ploc tornou-se mais simples e humilde. Compreendeu que, mesmo que enchamos a cabeça de caraminholas, se nos faltar o ar, poderemos deixar este mundo.

*O homem somente é forte,
Para a lavoura do bem,
Quando por si reconhece
Toda a fraqueza que tem.*

Artur Candal

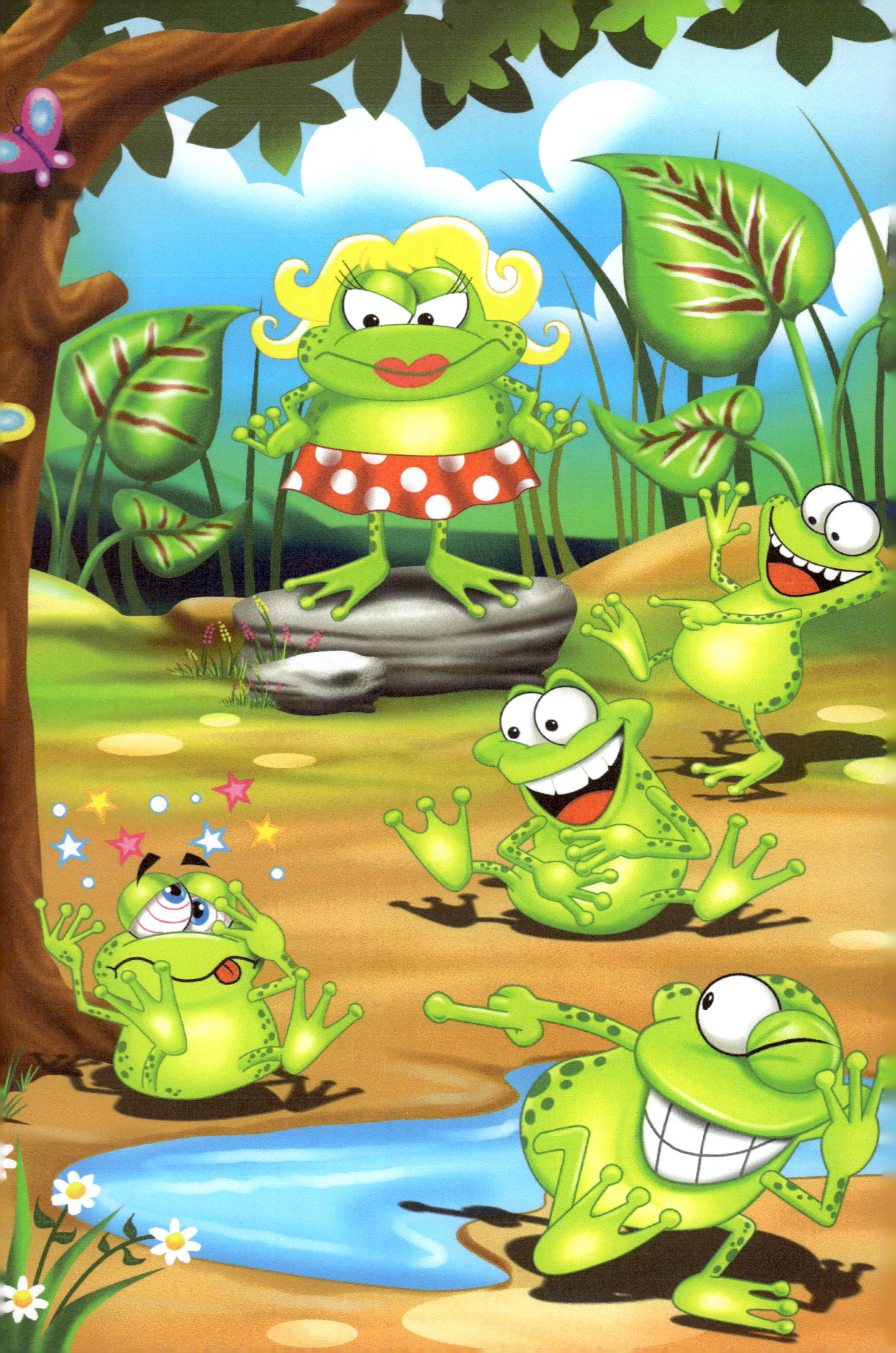

# O Sapinho Quá-Quá

Quá-Quá era um sapinho.

Junto com os manos, nascidos na mesma ninhada, viera até o brejo para ensaiar os primeiros saltos.

A alegria era geral.

Quá-Quá, porém, chegava sempre por último.

– Agora – dizia a Mamãe-sapo –, vocês verão como se dá o primeiro salto.

E tomando posição, ela pulou.

Aquilo foi uma festa para todos.

– Bem – ponderou a Mãe-sapo –, já que aplaudiram é porque aprenderam a lição. Vamos, portanto, todos pular. Um de cada vez.

Cada um escolhia uma direção e... zapt!

Quando chegou a vez de Quá-Quá, todos que haviam saltado, ficaram a olhá-lo. E o pobrezinho abaixa que abaixa, ensaia que ensaia e... zapt!

Zapt e... plaft!

Dá com o nariz numa árvore.

Foi só sapinho caindo pelo chão, de barriga para cima, rebentando de tanto dar risada com o desastroso pulo de Quá-Quá.

– Outra vez! – exigiu a Mamãe-sapo.

Quá-Quá ensaiou... ensaiou e... zapt!

Zapt e... plaft!

Novamente esfolou-se numa árvore!

Todos os sapinhos caíram na gargalhada.

ACELKHGMYZ
ACELKHGMYZ
ACELKHGMYZ
acelkhgmyz
acelkhgmyz
ACELKHGMYZ
acelkhgmyz

A Mãe-sapo, nessa altura, ralhou por silêncio.

Aproximou-se preocupada de Quá-Quá.

Olhou bem no fundo dos olhos do sapinho.

– Ora essa! – lastimou-se desconcertada. – Não há de ver que Quá-Quá tem um defeito na vista!

Sem perda de tempo, procuraram Coim-Coim.

O velho Coim-Coim, em cuja sabedoria e experiência todos confiavam, depois de examinar e examinar o sapinho, concluiu que, pela primeira vez, estava diante de um sapo que precisava de óculos.

– Um sapo de óculos! – resmungou, coçando o cocuruto.*

E não houve jeito.

Quá-Quá passou a usar óculos.

Acontece, porém, que por mais que caprichasse no estilo da armação dos óculos, não conseguia fazê-la parar no lugar.

Era ensaiar um pulo e... ploft... caíam os óculos ao chão!

Quá-Quá, dessa forma, não podia mesmo saltar.

E um sapo que não salta era logo ridicularizado pelos próprios irmãos, contra a vontade da Mamãe-sapo. Os danadinhos, mesmo sabendo das dificuldades de visão de Quá-Quá, não perdiam oportunidade de aborrecê-lo de todas as formas.

O pobrezinho sentia-se muito, muito infeliz.

Um dia, os sapinhos combinaram de brincar na lagoa.

*alto da cabeça.

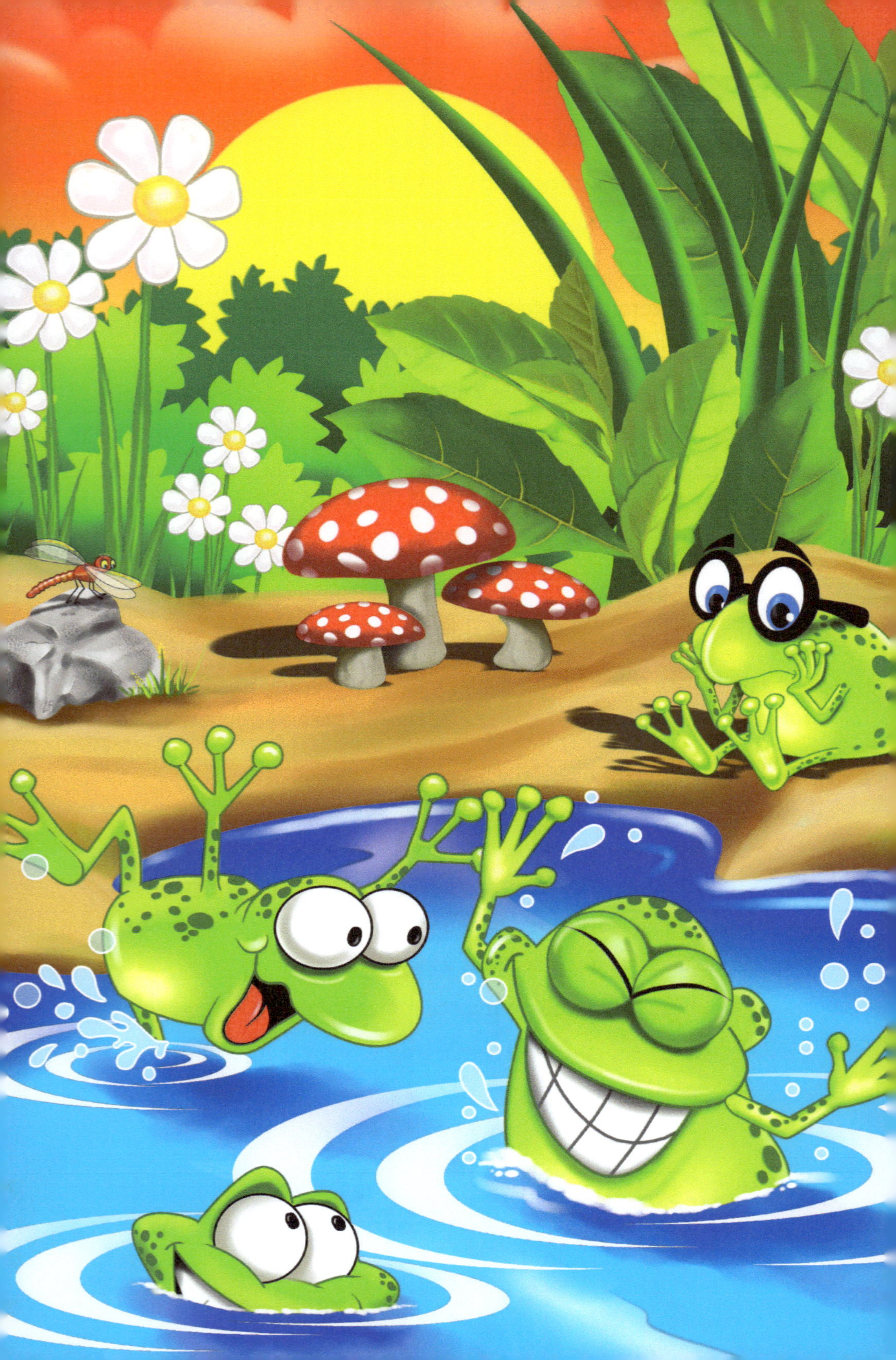

– Cuidado com o Nico! – advertiu a Mãe-sapo. – Aquele menino prende numa gaiola quanto sapinho encontre... e não solta nunca mais!

– Tomaremos cuidado, mamãe.

Ela, contudo, não ficou satisfeita.

– Se ele aparecer... sumam depressa!

– Faremos isso, mamãe.

E lá se deram pressa de ir para a lagoa.

O pobre do Quá-Quá, mal-ajeitado em seus óculos, não quis perder a oportunidade de acompanhá-los à lagoa. E, por não saltar igual aos outros, seguia o alegre grupo, muitos e muitos metros para trás.

Vez por outra, ouvia os irmãozinhos:

– Olhe que o Nico o pega!

Troçavam com o seu defeito.

Quando na lagoa, todos mergulhavam na água branquinha, branquinha, e se entretinham a brincar de esconde-esconde nas pequenas ilhas e nos arbustos que ali cresciam.

Quá-Quá, de óculos, ficava à margem.

Ninguém se lembrava dele.

Num momento, porém, Quá-Quá tomou posição.

Ajeitou-se para um grande salto, derrubando os óculos, e, mesmo assim, corajosamente se arremessou sem direção certa e... zapt!

Caiu junto de seus manos.

– Nico! Nico vem vindo! – falou quase sem fôlego.

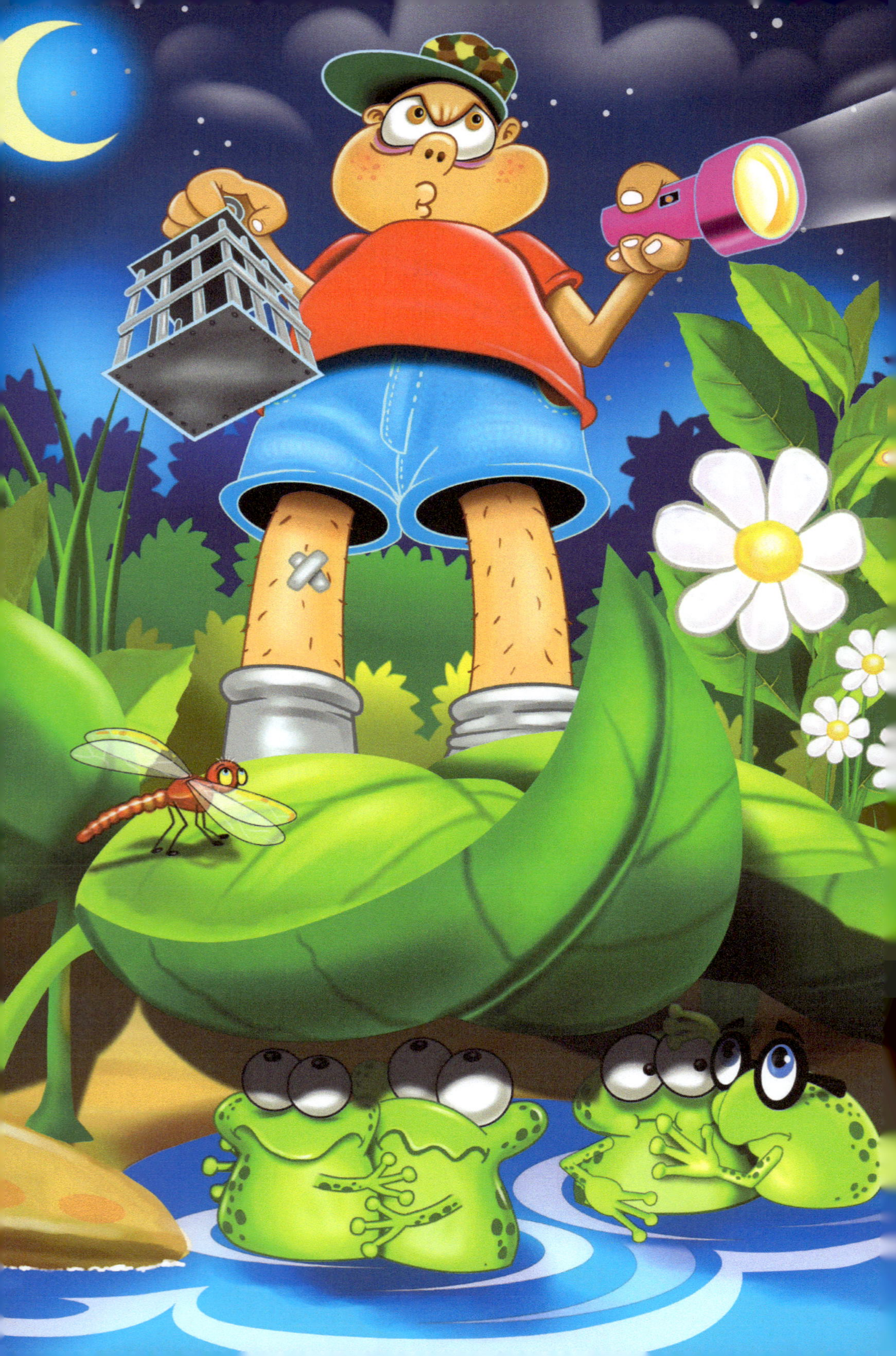

Os irmãos, apavorados, só então ouviram as pisadas do menino, já muito perto, que voava na direção em que eles se encontravam.

Foi um corre-corre.

Nico andou de um lado para outro, com sua terrível gaiola a balançar nas mãos, mas todos os sapinhos estavam muito quietos, tremendo e suando, escondidinhos, escondidinhos, assim como a Mamãe-sapo mandara.

Ele cansou de procurar.

Naquele dia, não apanhou nenhum sapinho.

Depois de muito tempo, quando se afastou, todos saíram de seus esconderijos, mais aliviados, e se reuniram em torno de Quá-Quá.

— Puxa! — exclamou um dentre eles — se não fosse Quá-Quá!

Todos, então, puseram-se a procurar os óculos de Quá-Quá e, quando voltaram para casa, contaram tudo o que acontecera à sua mãe.

A Mamãe-sapo, após ouvi-los, disse-lhes:

— Aí está, meus filhos! Ninguém deve ser desprezado, por este ou aquele defeito que traga! Se dum lado faltou a visão a Quá-Quá, por outro passou a ter tão bons ouvidos e é capaz de ouvir mais do que todos juntos.

Eles concordaram.

— Ah! se não fosse Quá-Quá!

A partir daquele dia, os sapinhos, quando iam a algum lugar, sempre convidavam Quá-Quá para fazer-lhes companhia. Pulavam um pouco menos e, assim, iam juntos.

Quá-Quá, de óculos, vigiava por eles!

*Abriga-te na humilde,*
*Não busques mundana estima.*
*O ouro afunda no mar,*
*A palha fica por cima.*

Regueira Costa

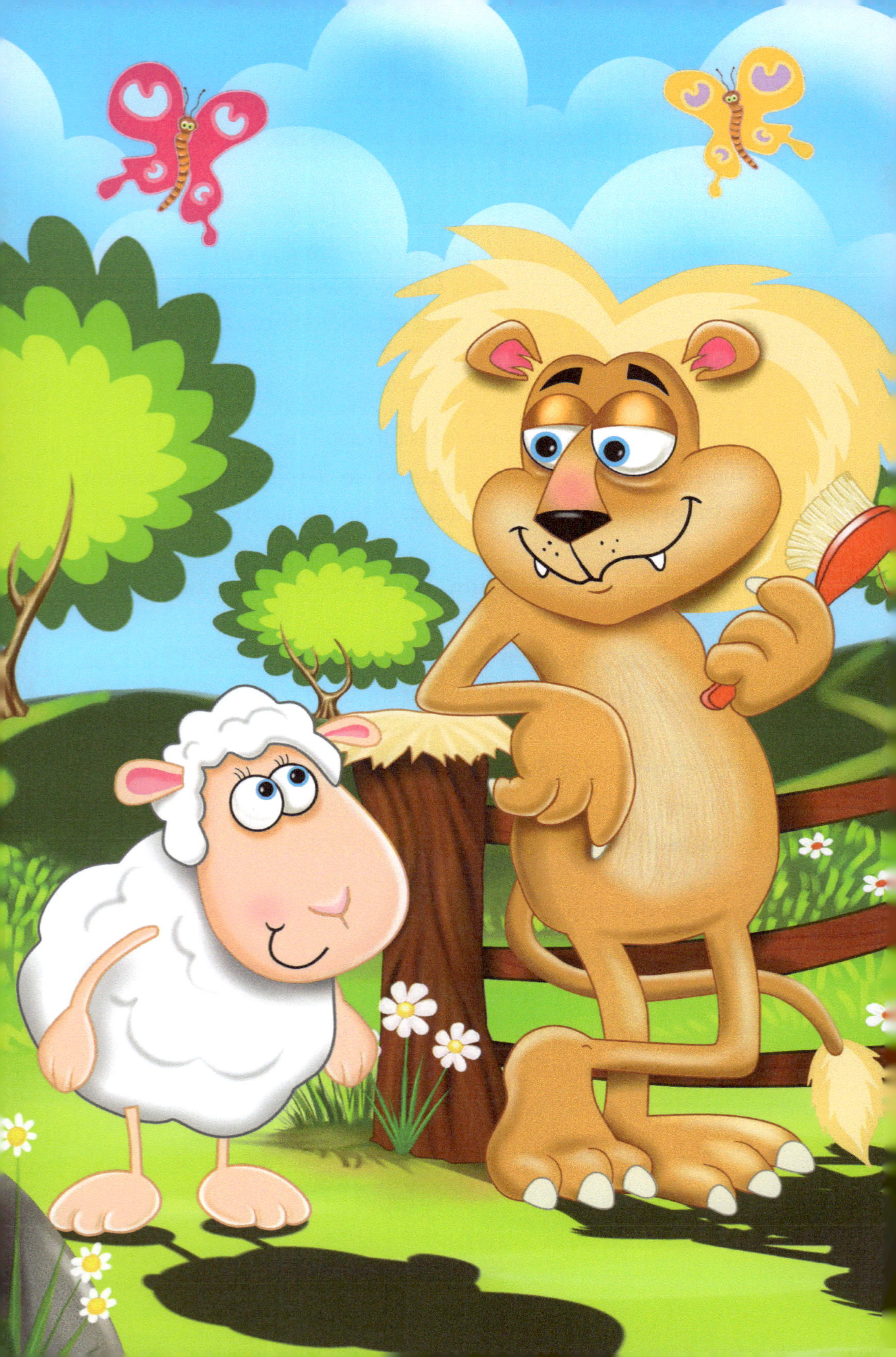

# A Manjedoura

Era um fim de primavera.

Naquela fazenda, não muito distante daqui, vivia uma Ovelhinha que, desgarrada de seu rebanho, resolvera percorrer os campos livremente.

Confiava-se a aventuras e incertezas.

Nada, porém, nesta hora chegava a preocupá-la, já que se movia alegremente de um para outro lado, fartando-se do capim verde e abundante que encontrava em toda a cercania.

Nem companhia lhe faltava!

Por vezes, punha-se a ouvir o vaidoso Leão que, penteando a juba, afirmava que o domínio do mundo é realmente dos fortes.

A Ovelhinha sentia-se forte.

Noutras ocasiões, alongava diálogo com o Chacal que, para dar-lhe razões, garantia:

– Vida é liberdade!

A Ovelhinha saltitava de contentamento.

E, entre desocupada e iludida por quantas afirmações recolhia ao longo de seu caminho, chegava a lembrar-se com pesar de seus familiares. Lamentava que nenhum a tivesse seguido, preferindo confiar-se no trabalho e disciplina.

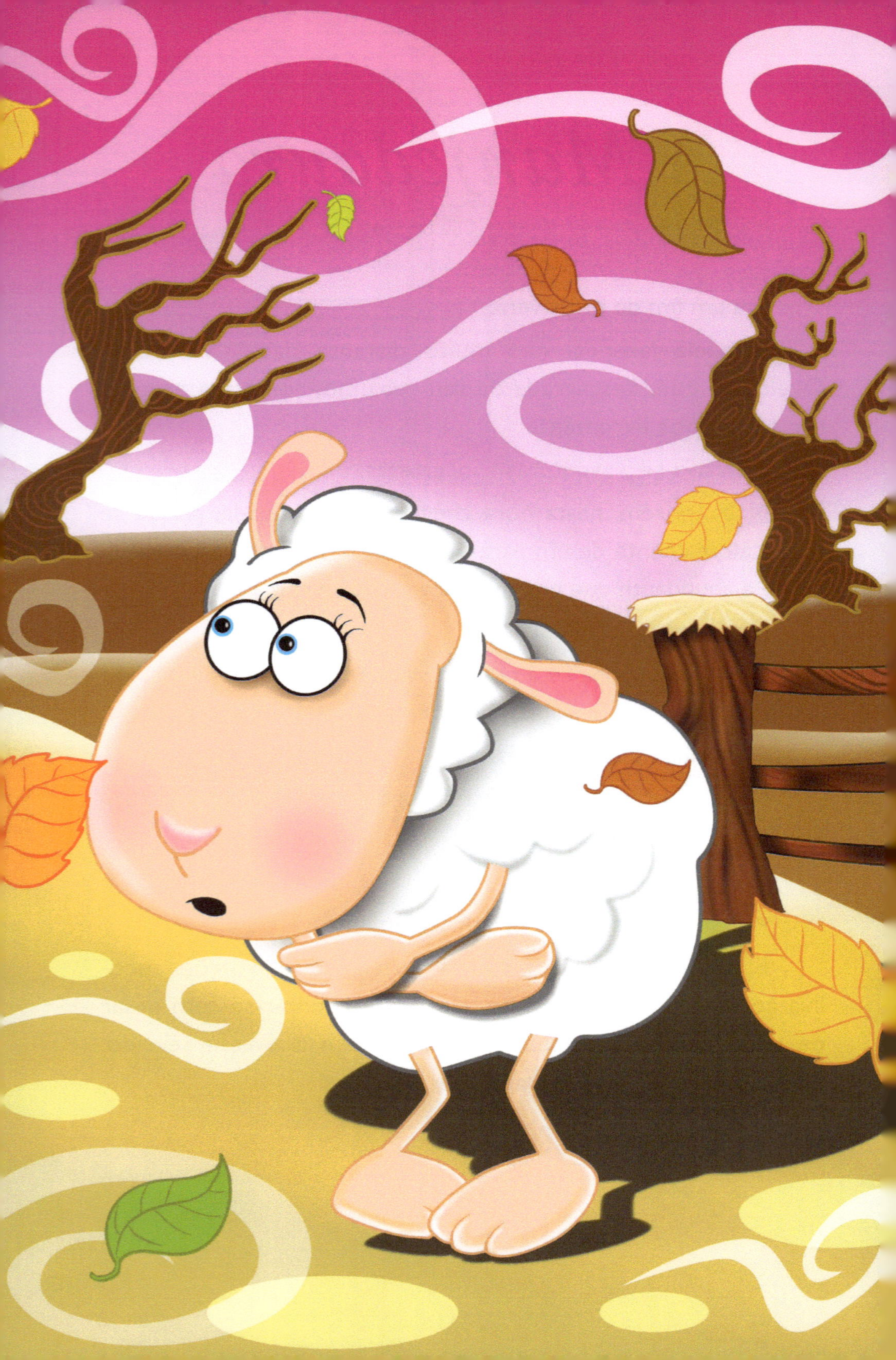

Naquela noite, deitou-se pensativa.

Não sabia por que, mas se lembrava com muita vivacidade do dia em que saíra, quase às escondidas, de junto dos seus, atraída por tantas histórias que ouvira contar sobre "o mundo maravilhoso que existia além da disciplina e do trabalho".

Assim dormiu.

À noite, porém, o inverno chegou.

Furiosamente sacudiu as árvores, derrubando as folhas... soprou tão fortemente sobre o capim e a relva, que secou todo o vale... E ainda por cima fazia um vento frio varar por todas as frestas, invadindo tocas e casas!

A Ovelhinha, no dia seguinte, despertou.

Estava com grande apetite!

Mal se espreguiçou, atirou-se fora do leito, disposta a saborear uns bons bocados de verde relva, aquela que vira perto da lagoa... e esticar um dedo de prosa com o Leão e o Chacal.

Saiu de casa e sentiu o frio.

Aí, ficou extremamente espantada.

O campo estava seco!

Tudo, à sua volta, estava frio.

De imediato, procurou o Leão.

Mal se aproximou de sua toca, porém, compreendeu que se não se afastasse imediatamente da caverna, seria devorada, já que o Rei das Selvas urrava em desespero e fome.

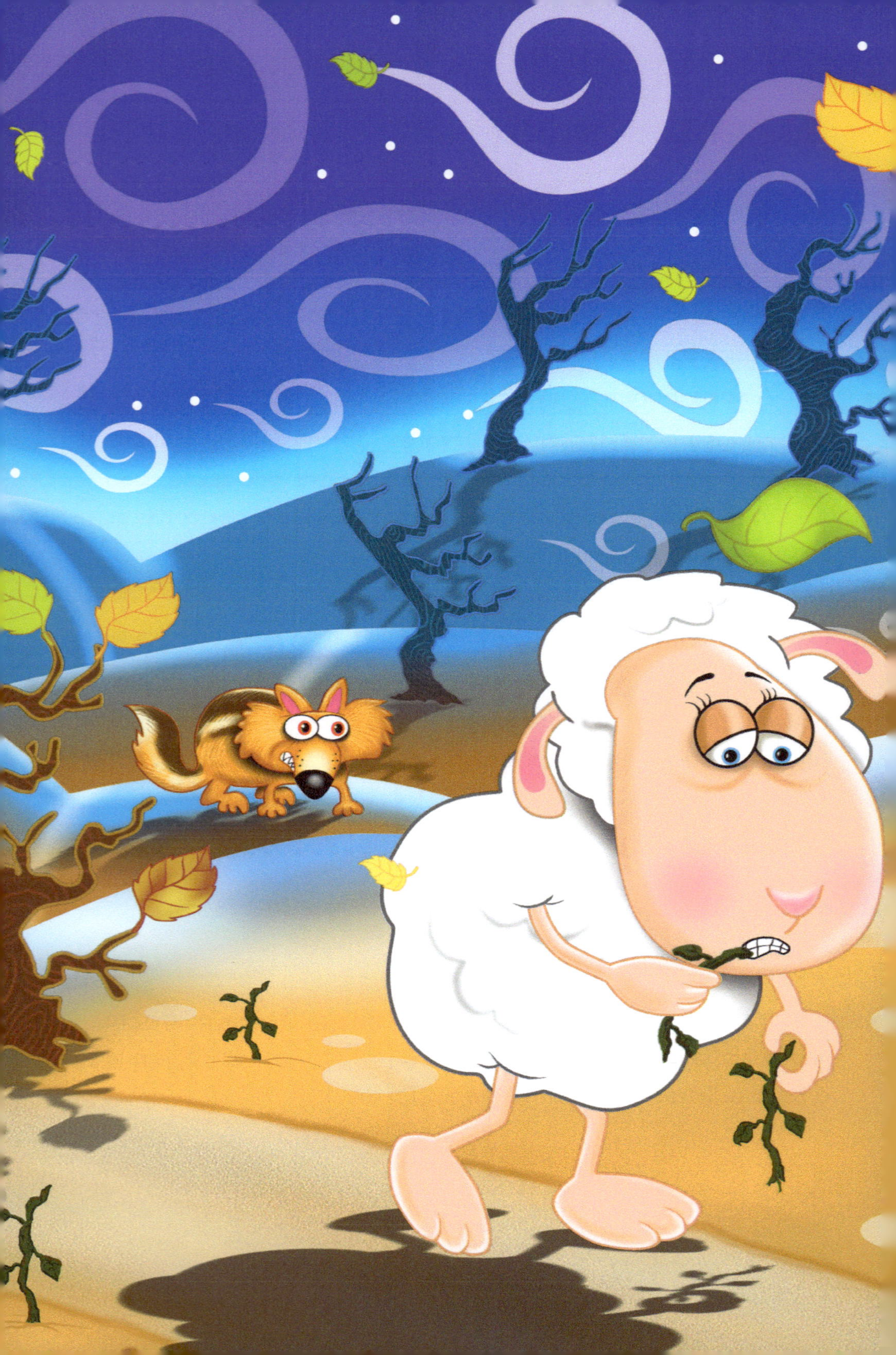

Pensou no Chacal.

Nem acabara de mentalizá-lo, eis que o viu a espreitá-la, aguardando que ela fraquejasse, a fim de transformá-la num petisco com que saciaria a fome!

A pobrezinha baliu aterrorizada.

Aumentavam sua fome e seu frio.

Perambulou, assim, por toda a região, obrigando-se a comer erva seca, amargosa, e a sentir fome e muita fome, cada vez mais fome.

Aquele mundo, antes tão atraente, agora já não lhe oferecia tantos recursos para o repasto necessário e nem lhe oferecia um mínimo de segurança e tranquilidade.

A Ovelhinha perambulava, quase sem rumo.

Eis, porém, que em resposta às suas lágrimas sinceras, Espíritos amigos a inspiravam, sem que ela disso se apercebesse. E, por esta inspiração, finalmente foi levada até às proximidades de uma pequena gruta.

Enfraquecida, parou à entrada.

Sentiu um ar quente e acolhedor.

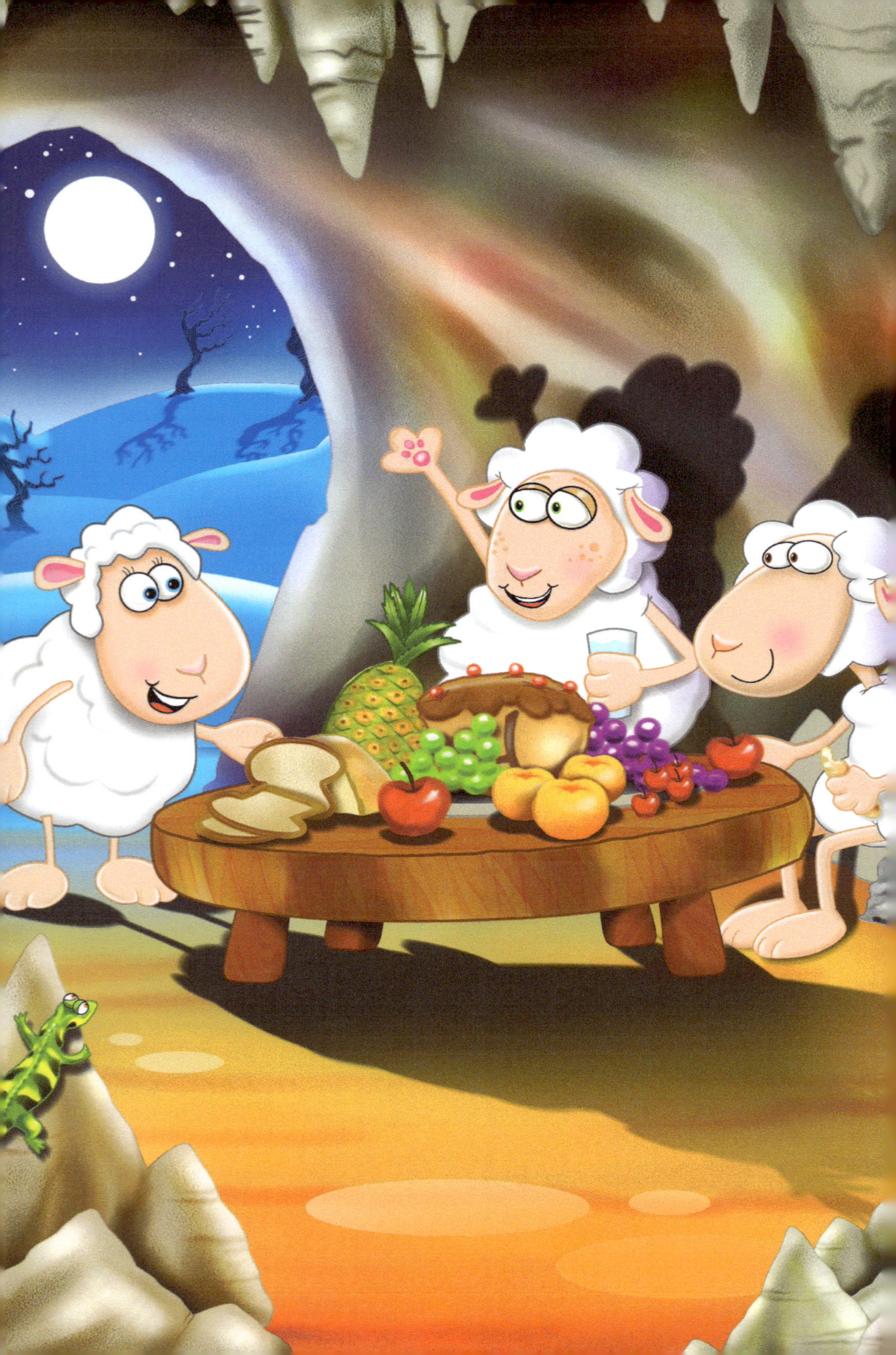

– Que existirá aqui?! – indagava-se, descobrindo que, no fundo da gruta, havia luz.

Com as desilusões que sentira e pela fome que sofria, finalmente se encorajou a penetrar pela gruta. Sentiu que, se não encontrasse alimento, pelo menos poderia abrigar-se dos mil perigos lá de fora. Não cairia nas presas do Leão e nem seria assaltada pelo Chacal.

Entrou e... que surpresa!

Viu um tabuleiro repleto de alimento!

E, à sua volta, outras e outras ovelhinhas, muitas vindas do mesmo sofrimento que experimentara. Após sentirem que o mundo já não lhes oferecia o alimento necessário, na chegada do inverno ali encontravam abrigo e amparo seguros.

Avançou para a manjedoura e saciou-se!

*Quase todos somos como essa Ovelhinha.*

*E por isso é que Jesus, quando nasceu em nosso mundo, foi colocado por sua mãe, Maria, numa manjedoura, a fim de alertar-nos de que, quando o inverno abater todas as nossas ilusões e quando não mais nos satisfizer o que o mundo nos oferecer, em Jesus encontraremos calor e alimento, paz e consolação.*

*Natal!... Jesus novamente
Pede pouso, alteia a voz,
No entanto, espera somente
Asilo dentro de nós.*

Milton da Cruz

PARA COLORIR

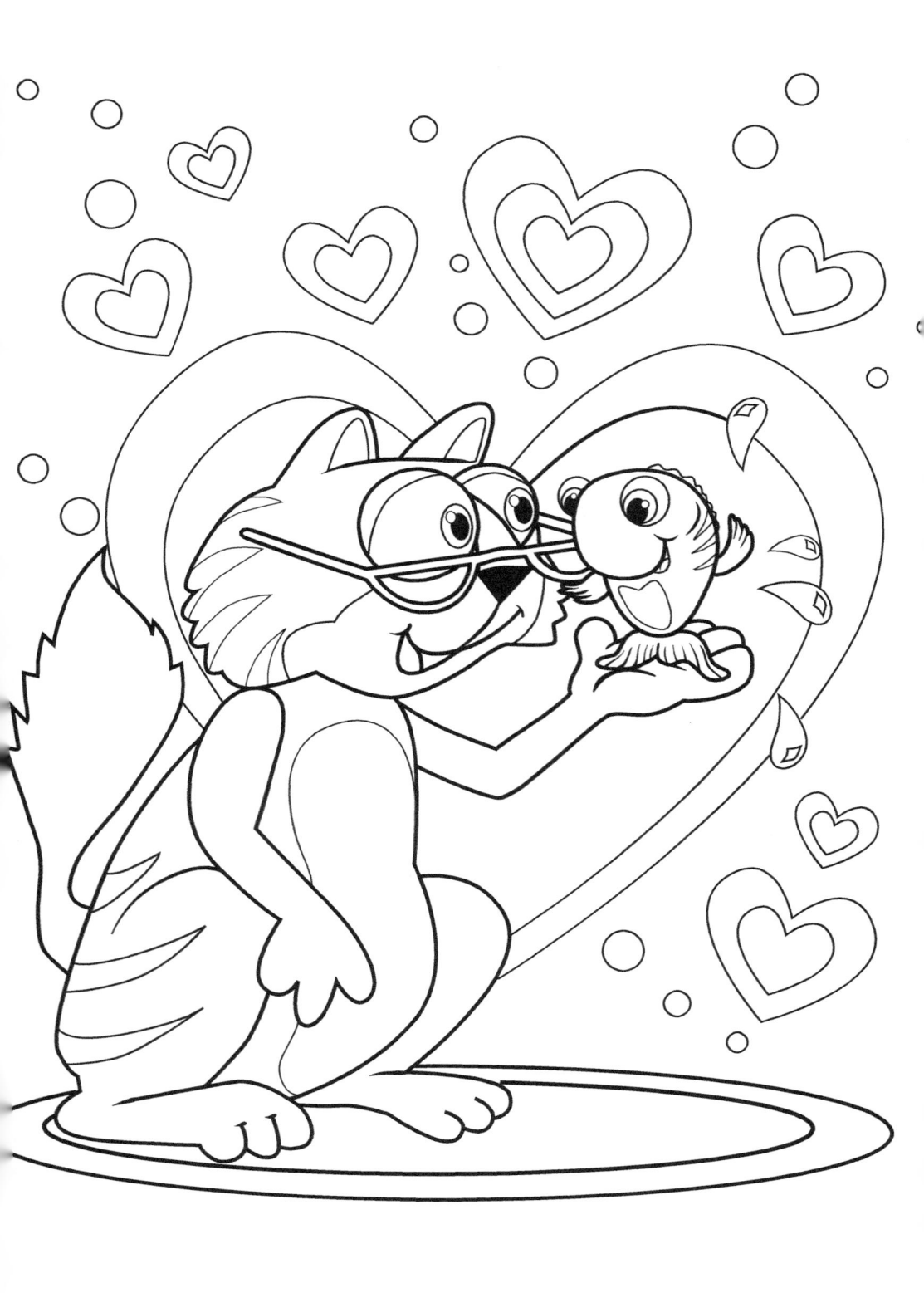

# Conheça outras obras infantis da FEB Editora.

## Uma aventura no reino da Batatinha

Batatinha é uma vira-lata, que foi adotada ainda pequena depois de ter sido abandonada nas ruas. Muito dócil e brincalhona, ela passa os dias correndo atrás dos passarinhos no jardim da nova casa.

Certo dia, um filhote de cambaxirra cai dentro da caixa d'água e, a partir de então, começa a luta de Batatinha para tentar salvar o animal.

Tal situação se torna um exemplo para todos os bichos da região, pois, assim, eles aprendem o verdadeiro sentido de ajudar o outro e descobrem um sentimento que lhes permite resolver problemas do grupo: a compaixão.

**Regina Campello**

# Uma aventura no reino da Batatinha
## Aprendendo a cooperar

Ilustrações: L. Bandeira

FEB

FEB
editora
Livro espírita para um novo mundo
www.febeditora.com.br
@febeditoraoficial
@febeditora

Conselho Editorial:
*Carlos Roberto Campetti*
*Cirne Ferreira de Araújo*
*Evandro Noleto Bezerra*
*Geraldo Campetti Sobrinho – Coord. Editorial*
*Jorge Godinho Barreto Nery – Presidente*
*Maria de Lourdes Pereira de Oliveira*
*Miriam Lúcia Herrera Masotti Dusi*

Produção Editorial:
*Elizabete de Jesus Moreira*

Revisão:
*Maria Flávia dos Reis*

Capa, Projeto Gráfico e Ilustrações:
*Lourival Bandeira*

Normalização Técnica:
*Biblioteca de Obras Raras e Documentos Patrimoniais do Livro*

Esta edição foi impressa no sistema de Impressão pequenas tiragens, em formato fechado de 155x230 mm. Os papéis utilizados foram o Couche Fosco 90 g/m² para o miolo e o Cartão 250 g/m² para a capa. O texto principal foi composto em fonte Gill Sans 14/20. Impresso no Brasil. *Presita en Brazilo.*